300秒的生命故事

徐玉琼 著

300秒的生命故事

作者／徐玉琼
策劃編輯／伍詠慈
美術設計／陳詩韻
插圖／郭兆明
出版發行／突破出版社
香港沙田亞公角山路33號突破青年村
電話：2632 0000　傳真：2632 0388
電郵：breakthrough@breakthrough.org.hk
網址：http://www.breakthrough.org.hk
http://www.btproduct.com
承印／陽光（彩美）印刷有限公司
2017年5月初版1刷
2020年9月初版5刷

Beautiful Life
by Pastor Tsui
First Printing, First Edition, May 2017
Fifth Printing, First Edition, September 2020

Printed in Hong Kong
ISBN 978-988-8392-41-4

誠邀閣下就突破出版社的書籍發表意見

歡迎加入突破書籍 Facebook page — http://www.facebook.com/btbooks.page

本書採用環保油墨印刷

心靈地圖
Farewell

目錄

作者序：每個生命都是一股暖流 8

黃序：成為神蹟 12

編者序：歡迎來到徐牧師的真人圖書館 14

他們給人溫暖

素昧平生、或平凡普通的人，也可能是你身邊的天使，使你每天充滿陽光。

至愛私房菜 18

總有天使 22

治療師繞身旁 28

劈友 34

諍友 38

在報恩之旅上一課 42

救回一位小天使 48

和好要在晚餐後 52

被老師尋訪 58

學生來尋我 62

船長的尋人廣播 68

大澳恩人 72

使人又怕又愛的牙醫 78

小火龍與大暴龍（上） 82

小火龍與大暴龍（下） 88

台灣最美的風景 90

他們教人驚喜

醫生、大老闆、漫畫家、老中醫，單看身分就可猜到他們是怎樣？錯了！他們與你想的不一樣；他們演繹生命的豐富，讓你知道生命充滿驚喜！

易裝的醫生 96

大雨下的早餐速遞員 102

戲劇導遊家國難 108

鐵皮屋業主 114

藥草堆中藏神醫 120

他握着一枝熱的筆桿 126

的士司機主持婚姻講座 130

拾荒婦的紅封包 134

名廚媽媽 138

編織男 142

疾病是她的調味料 146

羸弱小子蛻變武林高手 152

七色之家 156

野人牧師 160

他們給人盼望

我在方舟之家事奉十七年，牧養身體傷殘的苦難一族，的確，在人們眼中，他們是不幸的一羣；不過，當你細心聆聽，仔細觀看，他們會讓你感受到盼望。

跨欄高手小小姐 168

天國公主 172

獨腳伴奏者 176

愛笑蘋果 180

鍵盤戰士 184

他坐在愛的船上 188

憤青成了僕人 192

她以雙手傳遞愛 198

金句姐姐 202

情書王子 206

一天三十次關愛叮嚀 210

纖維斜板上的愛 214

千里探親 220

作者序：

每個生命都是一股暖流

當年，負責突破出版部總編輯李淑潔姊妹，在一個場合聽了我和父親復和的見證，她鼓勵和邀請我寫書；於是我的第一本書《遲來的父女情》就在 1993 年出版。

當了傳道和牧師三十年，心有所感，希望把《時代論壇》的專欄文章結集成書。鼓起勇氣主動向總編黃幗坤姊妹提出此想望。經她過目，《毛蟲・蝴蝶・女牧師》在 2013 年面世。真是恩典！

《300 秒的生命故事》是突破為我出版的第三本書。那是我和書中人的真實故事。

回望我的成長歲月，充滿坎坷、艱苦。曾經多番風雨，走過無數逆境。不諱言骨子裏存放了點點憂鬱、絲絲愁緒，容易傷春悲秋、經常感觸落淚、嚴重的自卑自憐……

雖然少年時期已信仰基督，但生命並沒有一下子神蹟似地改變，仍是踽踽獨行一條辛酸路。

有一次翻看舊照片，赫然發現相中的我全是一臉古肅和憂鬱，沒有一張笑相。

感恩天上的父神用盡千方百法提携、培育、醫治我百孔千瘡的心靈。

經歷心意更新和轉變，得着從神而來的力量，我的生命不再一樣。人生旅途仍有困境與荊途，學會靠着耶穌復活的大能迎難而上，逆風而行。

三十一年的教會事奉，有十七年在方舟之家牧養身體殘障、心靈苦痛的信徒。事奉充滿挑戰。如此高難度的服事，起初不明所以，及後體悟因為自己也曾經苦過。

儘管傷殘會友長期忍受肉體疼痛的折騰、行動諸般的不便、有口無言、不被明白的悽苦，但從不氣餒、永不放棄，總是勇敢堅強去面對，他們成為我的生命師傅。

眼見這世代人與人的關係冷漠疏離，沒有信任、諸多懷疑、充滿防衛。就算左鄰右里多年也互不相識；一家人又如何，不也是情薄如紙，甚至積怨存恨不往還。怎不令人唏噓！

如斯的冷世代，我有幸認識和接觸許多好人好事，令我享受暖暖人間的情和愛、善和好。

當中有我的至親、好友、會友，甚至是一面之緣的陌生人。他們都是不見經傳的小人物，當中更有傷殘人士、拾荒婦人、抑鬱患者……他們直接或間接祝福了我的生命。

我相信天使在人間。

為此，我將感動我的真人真事寫下來，想告訴你：人世間處處有溫情暖意。

謝謝詠慈姊妹為這書傾心傾情的編輯和修繕，她的認真令我感動不已。

好友兆明弟兄，他為我的書拔筆相助，婉拒了另一個重要繪作的邀請。他的生花妙筆，他的善感情懷，繪畫出幅幅精彩動人的插圖，更添加他創作的打油詩，令這書添上活潑愉悅的色彩。有這位肝膽相照的弟兄，是我的福氣。

當我邀請忙得半死的黃鎮昌弟兄（Marco）為書寫序時，他想也不想、歡歡喜喜的一口答應，那份豪邁之情、相知的義，令我銘感於心。

謝謝許多好友不斷為我打氣和禱告。

原來這書製作過程中，愛在悠悠流動、情誼默默貫通。

但願每一個生命故事，成為一道人間暖流，傳送你心。

徐玉琼

黃序：

成為神蹟

「徐徐」（我對她的稱呼），於我不單是一位牧師，更是一個另類的「野人」，一個敢於冒險的「小女孩」。與她認識三年多，看着她從牧養崗位退下後，如何以一顆單單跟隨基督呼喚的單純心靈，敢於回應天父每個「另類歷險」邀請。她在極缺少野外經驗下，仍心繫主的羊，在我中心擔任義務牧師，與少年人一同上山下海、捱飢抵餓；同登台灣三千八百多米的雪山、陪中學生在極少盤川下，在台灣流浪一星期；又與中心的家庭一同溯溪登山，以同行方式牧養。我看見徐徐的生命仍保持着天父爸爸所喜悅的「小女孩」心靈，活出精彩生命，也是不一樣的精彩退休人生。

今日大氣充塞着成功主意、經濟成就橫掃一切、標榜個人成就，滲透在香港每個生活角落。這種風潮成為這片土地每個人的無形壓力與追求。在這種追求下，我們可謂見盡不少「一將功成萬骨枯」，多少心靈受盡扭曲、迷失自我、否定自我價值、迷惘地生活 —— 我們都或多或少是一隻「傷羊」（如同「徐徐」文中描述受了傷的牧養對象）。在我服務生命二十多年來，我心中一直有一個疑問：當一個人或一個家庭面對不幸 / 苦痛時，我那渺小的力量到底能為他們作什麼，我所作的真的有效嗎？在一個人的困苦環境不能改變下，到底生命的出路在哪裏？讓生命能找回價值與尊嚴的路徑到底是什麼？能叫世界及社會變得更美好的，那份力量到底在哪裏？我甚是驚喜，答案就在本書中。

感謝徐徐，細讀她細膩的觀察及筆尖下的真人真事，徐徐的每一隻「傷羊」、生活周遭的朋友，都成了我美好的「生命師傅」，激勵及示範給我看好好去活、珍惜每天活在當下，生命奇蹟就這樣出現。在徐徐的筆下，真人真事呈現出一個震撼人心的生活真締：在我們遇到「被動」苦難時，人往往傾向禱告求神蹟顯現；但書中故事的主角，不管多艱難、荊棘滿路，仍好好活下去，他們便是神蹟（Don't ask miracle. Be the miracle.）我們每一個人的生活遭遇，許多時候是無法選擇的，但只要一個人得着愛 / 尋着愛，便能在愛中如斯實在的找回生命力量及綻放光芒，在平凡中活得不平凡。

但願每個讀者都能在故事中找到生活力量及啟發：敢於去愛，當找到愛的力量時，就能在任何情況下仍活出生命光輝，成為神蹟。

愛真的那麼實在，力量可以那麼大。

黃鎮昌

天使家庭中心創辦人

編者序：

歡迎來到徐牧師的真人圖書館

真人圖書館，顧名思義，讀者來借閱的不是書，是人。這個活動概念源自丹麥，目的是透過人與人面對面的聆聽溝通，放下成見，讓生命與生命深層交流。

徐玉琼牧師多年在傷健教會方舟之家事奉，接觸不少外表或身體缺陷，但靈魂健全的朋友。她的性格活潑好動，敢於接受挑戰，生活總會遇上不少有趣的事，也樂於與不同的生命接觸；她常存感恩的眼光，看神所造的一切都甚好，自然發現和發掘到生活中不少美善。她與每一個美麗的生命相遇、交流，彼此聆聽、互相豐富。她把故事一個一個收集，透過文字書寫所接觸的人，也邀請你來到這所以文字打造的真人圖書館，與每一個美麗溫暖的生命交流。在進去之先，讓編輯兼館員先介紹一下：

本書記載的不只是故事，也是生命，他們包括了：

1. 給人溫暖的人：記述的小人物不是人們口中的傑出人士，但總會説好話、做好事、存好心，藉着微小的行動，令身邊人滿載溫暖。

2. 教人驚喜的人：這裏的人都有身分，但別給他們的刻板形象混淆，他們往往做出一些「與身分不符」的事。大老闆會冒雨為員工送早餐，惹笑漫畫家也會化身街頭怒漢，每個人都有意想不到的一面，這不就説明生命的豐富嗎？

3. 使人有盼望的人：作者多年牧養傷健人士的教會，見證不少人即使背景淒楚，遭遇令人扼腕，卻因信仰使生命、生活、身邊人滿心喜樂，生命常存盼望。無論生命多艱難，也總能走出一條路。誰敢小看這一羣生命行者？

每天扭開電視、瀏覽臉書、翻開報紙，我們總會看到很多人和事。不少時候，我們只看到人們的表情、一句話或是一次行動，就認定他們是好人壞人。然而這本書邀請讀者，不只隨意一瞥日常的人事物，而是進入別人的生命，細聽他們的故事；哪怕他們多麼的平凡和不起眼，也能看到豐富精彩的一面，讓我們上一課，認識生命真美！

在這個充滿標籤與偏見的時代，歡迎來到徐牧師的真人圖書館。

伍詠慈

突破出版社策劃編輯

他們給人溫暖

素昧平生、或平凡普通的人，

也可能是你身邊的天使，使你每天充滿陽光。

徐徐似乎很久沒有吃過好東西，餸菜都給她吃光了！

噢！愛是不保留，我愛你的美食，怎能保留，只有盡心盡力去吃……

什麼都給你吃光了，一點也不保留給我……

姓名：四個「天使家庭」

專長：美食治療

至愛私房菜

自從父母在 2003 和 2004 年先後移居天國，中國的傳統節日除了和弟妹團聚外，天父也派來四個「天使家庭」，讓我享盡人間美味 ——

白家四口子來自台灣，是我的會友，十多年來建立了深厚的情分。他們知道我的父母不在，有好幾年邀請我到家中吃北方人的年夜飯。我最享受這家所包的餃子，不過是豬肉和白菜這等尋常餡料，但經白太的一雙巧手，就能調出北方道地、不油不膩的適中味道。白先生專責搓麪粉和掁粉皮。厚薄、大小都恰到好處，功夫了得！我每次都盡情盡興，餃子吃不停，直到打嗝方知飽。尋常白姓的家庭菜餚是人間美味，因為當中存放着愛和情，期許家人吃得健康和開心。

後來，白太太患了重病，搬到我家附近，我們成了鄰居，經常見面，深摯的分享，情分格外濃。自從白太太安返天家，北方年夜飯也告一段落。至今，我仍懷念着她。

伍太家族人口眾多，她是我早年的會友，我曾多次為她應對了家族的困難，也曾帶領其中八位家人信主，所以她對我無比信任，一見我就自然地擁抱親臉，疼我如女。伍家上下都視我如一家人。

二十多年來的節日和閒日，我就如返娘家般無拘無束、大吃大喝。八十有三的她，身體健壯，醒目伶俐，煮二十多人的菜餚依然氣定神閒。傳統的客家菜她至拿手——南乳炆腩肉、荸薺（馬蹄）和芹菜，好吃到不得了；嫩滑白切雞、清蒸海上鮮、海參扣冬菇、足料靚湯水，再來暖心潤糖水。每次吃飯，伍太總將最大塊的挾給我，結果每餐飯後，我的走路姿勢十足一位孕婦，舉步維艱，沒半點誇張！

擅煮的爸爸們

陳家四代同堂尊我為「家族牧師」。我不是浪得虛名的，我的確曾為這家族六位成員洗禮，也曾主持他們家的婚禮、結婚周年感恩會和安息禮。

八十歲的陳伯母總愛親暱的挽着我的手，令我感到被愛的溫暖。九十歲高齡的陳世伯喜歡和我傾心事，常情詞懇切的對我說：「徐牧師呀，我一旦返天家，你要為我辦身後事哦！」陳世伯曾是名揚東南亞的潮州菜師傅，他做的魚翅享負盛名，深得同業和同鄉讚譽，早年曾上電視接受訪問。

我對退休多年的陳世伯說：「若能早些認識你就好……」話未完，他的兒子就插嘴說：「哈，那麼你肯定不是現在的身形了。」立時滿屋哄笑。這兒子傳承了父親的廚藝，我的口福和身形正在持續發展。

我帶領楊爸媽信主、為楊媽主持安息禮，深得楊家三代的愛戴和信任，不斷享受他們熱情的款待。八十多歲的楊爸是釣魚高手，他將釣到的泥鯭洗淨、蒸熟、拆骨，煮成鮮美的泥鯭粥給我吃。我連吃三大碗，簡直是人間美粥呀！楊兒則殷勤開車接送，更親自下廚弄羹湯；楊媳婦對我掏心掏肺，總有說不完、講不盡的話兒。十歲的楊孫常邀我看影碟。每當出現恐怖或驚慄畫面，他會輕輕的摟着我說：「做戲咋，不要怕！」小男孩的溫柔和體貼，差點令我暈倒！

謝謝天父，不單藉這四個家庭使我飽享肚腹之樂，更重要是他們給予我另類的家庭溫暖。

我被「天使家庭」愛心接待，自己也學習成為「煮飯天使」，常常邀請友人來我家作客。藉着一頓飯、一碗湯，讓愛流動……

姓名：蔡牧師

專長：出奇不意的陪伴

總有天使

今日，我仍然相信天使在人間⋯⋯

退休不久，一位關愛我的姊妹知道我這五年多沒有做身體檢查，便不斷鼓勵和催促，更大發熱心為我聯絡相熟的醫生，我盛情難卻，終於鼓起勇氣去醫院。由於安排了照腸和胃，先在晚上飲瀉水，將腸內所有糞便排出，翌日方能進行檢查，我要住院一晚。

當天到了醫院，辦好手續，上了病房，護士仔細向我講解整個檢查流程。她說，不同的人對麻醉藥反應不同，出院時必須有人陪伴。慣於獨來獨往的我，坦白向護士小姐說：「我不知道要人陪伴出院，所以沒有安排，應該不用了吧？」但是，她語氣堅定地說：「為保安全，必須如此！」

既然如此，我唯有遵命，在腦中思量誰人有空，誰人得便，能夠來一趟醫院，突然另一位護士走過來，問：「誰是徐玉琼？」

「我是。」我有點狐疑，不知道發生了什麼事。

「外面有一位女士說找你，我請她坐在走廊的長椅上等候。」護士交代，但她的說話使我如墮五里霧中 —— 誰人找我？為什麼她知道我在這裏？這趟入院我沒有通知任何人。

噢，我記起了！入院前幾日，我和蔡牧師午膳，曾輕輕提及要入院檢查身體，請她代禱。我立刻跑到走廊一看，果然是蔡牧師。

「你怎麼知道我在這間醫院？」我不能置信，驚喜不已。

「要找，不難呀！」她佻皮的笑着說。

我帶她到了病房，告訴她說：「我六十歲人從未施過麻醉藥、未縫過針、未做過手術，有點無措、迷惘和不安。」

她聽罷，瞪着眼說：「你真要為這事感謝神。我十歲的兒子已經進了醫院好幾次。」經她一說，我才發現自己從未為此事感恩！

「你知道嗎？你來得正好，剛剛護士說，醫院規定要有成年人陪伴我才可出院，但我……」

蔡牧師拍拍心口道：「我陪你出院、送你回家……」好一個義氣女牧師！

翌日下午，蔡牧師信守承諾，甚至説要替我預備晚膳，我豈敢當呢！認識蔡牧師只有一年多，交情不算深，但她對我的情義，令我畢生難忘。我肯定她是天父派來的天使。

拍拍胸口就幫忙

一個週六晚上九時許，電話那端傳來講員病倒的消息，明天不能來我們教會講道，我請他安心休息。收線後，我心跳加速，有點擔心，已經這麼晚，究竟明天請誰講道呢？

我立刻祈禱，立時閃出的念頭是，我要通宵達旦預備講章；與此同時，腦海裏竟然閃過莫非的名字。(註)

然而，心裏又擔心：難道現在才請她明天來講道？怎可能？時間那麼緊迫，而我們認識只不過三、四天，如何開口？但是，既然出現了她的名字，就嘗試打電話邀請她。當我説出原委，沒料到她一口答應。我實在不敢置信，喜出望外。

主日大清早，莫非在我眼前出現，上主藉她宣講一篇極好的生命之道，各人有所得益，都向她致謝和表達欣賞之情；而我，更是無言感激！

我親領她參觀美麗的突破青年村，繼續講説方舟的異象與服事，直至送了她上公車。

多謝天父讓我認識這位致力文字事奉的神僕，豪氣干雲的姊妹，使我又一次經歷天使在人間，助我一把，解我驚憂。

祝願你有天使環繞，更願天父使用你和我，成為人間天使，為上主傳情達愛、溫暖人間。

註：莫非，女作家，原名陳惠琬。出生於台灣，成長於北美，現居於洛杉磯。她以文字創作福音預工為終生事奉，創立創世紀文字培訓書苑，經常穿梭中港台推動文字事奉和主領講座。

小人物檔案

表達關愛有心思，
人人都是治療師！

心靈低谷唱哀歌，
傷羊畫作暖心窩！

姓名：治療師們

專長：療癒受傷心靈

治療師繞身旁

一段頗長的日子，我活在人事纏磨中，天天膽顫心驚，以淚洗面。焦慮恐懼，自卑自憐，生命乾枯如死；心靈如墜入深黝的黑夜裏，看不見前路。或者，天父見勢頭不對，默默調兵遣將，以藝術、以美味、以言語助我走過荊途……

一個主日崇拜後，方舟之家的傷羊[註]陸續等候復康巴士，準備返回院舍。有健羊跑來告訴我：「徐牧師，有一位傷羊姊妹找你。」我立刻走到大堂見她，原來是初來方舟，有輕度智障的輪椅妹妹。

她緊張兮兮地把一張摺縐的紙遞給我，打開一看，是用鉛筆畫的畫，但我看不明，便問她：「謝謝你，你可以告訴我這是什麼？」她很溫柔的指着所畫的，逐一解說：「這是方舟，這是動物……」

噢！傷羊囡囡親手的畫作，成為我第一份的退休禮物。我擁着她的肩膀，輕撫她的頭髮，心頭暖暖。

美食美言的療癒

收到畫作的那天，整個上午要打點教會的人和事，又要上台講道，主持聖餐……早已倦累不堪。完了聚會，正要返家之際，會友伍太突然來電請我到她家中晚膳。那一夜，她親自下廚，給我享受一頓豐富美味的「私房菜」。

每當我遭遇艱難時，神就會感動伍太致電給我，我一聽到她的聲音，就如小孩子放聲嚎哭。伍太如慈母般呵護和愛惜我：「唔使喊！來我家住，休息吓！無人搵到你，等我煮好嘢你食，哎呀！肉赤死我囉……」我認定伍太是神差來安慰我的天使。

在這段苦日子，相識多年的盧姊妹，不斷陪伴和支持我，也一直信任和接納我，讓我全然放心、痛快淋漓地傾洩內心憤怒與哀傷。對她，無盡感激！

我告訴一對主內夫婦説，自己的事奉「臨尾香」。他們為我祈禱時，男的禱告：「天父，這麼多年來，你保護和使用徐牧師，你怎會令她『臨尾香』呢？你的工是永不會『爛尾』的！」這一句「永不會爛尾」説得太好，一生銘記！

大自然療法

之後的週一例假，已為人妻和人母的蔡牧師陪我去尖沙咀香港藝術館欣賞《巴黎．丹青：二十世紀中國畫家展》，我們乘天星小輪往返維港兩岸，悠閒地觀天望海、共話今昔，心舒暢。返家後，時已黃昏，立刻跑去海灘，趕及觀賞一場天地盛宴。目睹天父親自繪畫瑰麗絢燦的夕陽晚霞，美入眼簾美入心，鬱悶灰沉的心靈重新塗上色彩。

一個冬日早上，我獨個兒往海灘散步，四周水靜人稀。突然間，被眼前倒下的一棵枯樹所震懾，停步、佇立、默觀……枯樹橫臥在挺立和青鬱的樹羣前，凸顯這枯樹的凋零和死寂。赫然，看見有兩三條瘦弱的枝椏，其上冒生青翠茂密的樹葉。我心頭一顫，沒想到這枯樹仍有生機。……

「你雖倒下，我必給你再生之恩，因我愛顧你。」彷彿聽到天父藉枯樹對我這樣提醒，我輕輕撫摸這樹，眼淚潸潸流……

思緒漸次浮現串串片段：天父使用家人、好友、會友滋養我，有的以電話傳來溫言暖語、有的用手機短訊、電郵給我問候支援、有的寄來美麗的卡，寫上安慰鼓勵、有的約我茶聚，有的請我看電影、有的邀請我吃喝玩樂、有的陪伴遊山玩水……

感謝天父在我面對風雷雨電的日子時，有不同人的支援和送暖，有大自然對我的啟迪和療治。

但願在苦境中的人知道，天父總有辦法。

註：作者牧養的為傷健教會，傷羊指有疾患的會友。

劈!!

有情有義一劈友，
也文也武也劈酒！

左手右手好就手，
顧大顧細顧貓狗！

姓名：材哥

專長：劈開衣櫃

舅友

我認識的材哥是位能文能武的萬能泰斗。他幼承庭訓，在母親教導下學會車衣、縫紉、烹飪……樣樣皆精；就算木工、水電、園藝亦難不倒他。

有一趟到他家中作客，材嫂陪我在客廳聊天。他一人在廚房任「伙頭大將軍」，煮了好幾碟菜。除了廚藝了得外，剛用完的廚房也收拾得「企理」，乾淨如示範單位。

材哥是十分傳統的中國男人，重視家庭、孝順父母、兄友弟恭、愛顧後輩。多年前，他一家四口移民加拿大，如今子女成材，成家立室，且添了四名女孫，樂也陶陶。為要使下一代承傳中國文化，他用心良苦，以中文《聖經》為教本，堅持要教導「四朵金花」學習中文，用毛筆練寫書法。

本是桃李滿門的小學副校長，竟在四十八歲壯年，毅然辭去職任，進入神學院受訓，為事奉人生作裝備，及後有幾年在神學院擔任院牧。這位仁兄溫情滿瀉，待學生如子女般愛顧關懷，深受學生敬重愛戴。每次回港，總有大批學生約他見面。

他不是我的小學校長，但我算是他的電腦學生。我一向對電腦、電器等電子器材，患上恐懼症。平日有同事幫忙打字、處理文件，就更加懶得去學，然而材哥執意要教我用倉頡打中文字。雖然我多番婉拒和逃避，他不單沒有放棄，反而不斷鼓勵：「我教曉很多人用倉頡法，玉琼聰明和資質好，一定得！」最後，如他所願，我真的學會了，對我日後的寫作有莫大裨益。

能文能武的恩人

材哥更成為我的「劈友」，令我永誌難忘……

多年前，同母異父的哥哥一家移民美國，許多舊家具沒帶走。媽媽想我接收哥哥留下來的大衣櫃，我清楚表明不需要，也不會要。

一天早上，電話傳來媽媽敕令如山的話：「我已請了搬運公司將衣櫃運送到你家，車已到了村口，你出來接吧，我已付了錢。」這就是我媽媽的作風。

當時我和一位女傳道合租一間村屋單位同住，各據一房。工友們好不容易用繩索將衣櫃由地下吊上一樓露台，移送入客廳，奈何衣櫃太大，入不了房間。我請走了搬屋大叔後，跌坐地上，對着大衣櫃擘大喉嚨放聲大哭。

此時，電話鈴聲響起，是材哥的電話，本想與我談公事，聽見我哭得淒淒楚楚，問所為何事。他知道我的慘況後，安慰我說：「別哭！我會替你想辦法。」

那天晚上，材哥下了班，就到我家。他捲起衫袖，動手取出螺絲，將房門拆下，我們用盡力氣移動大衣櫃，弄得滿頭大汗，仍是不得要領。他停一停、想一想，說：「你不介意我在櫃背用刀削薄些，或許可以入房。」

「最好把衣櫃劈個稀巴爛！」我悻悻然的說着晦氣話。然而，尋遍家裏，也找不到合適的工具，看似最有可能的只有菜刀：「這把可以嗎？」

「拿來試試吧。」我在廚房取出菜刀給材哥，定睛看着他小心翼翼用菜刀在櫃背左劈劈、右削削。沒有專業的工具，但菜刀在材哥的手裏，卻也發揮了很大的功用。幾經辛苦，衣櫃終能入房，我們隨即歡呼拍掌！

材哥為我出盡法寶，「拔刀相助」，教我怎不感謝他呢！所以，每次去溫哥華，我一定聯絡他夫婦倆見面、茶聚，而材哥和材嫂總是搶着作東道。

我用「恩人」來稱呼材哥一點不為過。我幾時才能報答這位「劈友」呢？

說話太急，
見證太多，
解釋太少……

咖啡太酸，
奶太少，
糖太多……

你涉嫌尋釁滋事，
要約束自己……

姓名：朋友們

專長：直言勸諫

諍友

一次，我有一個多月的假期，去了一趟美加之旅，享受溫哥華的湖光山色、美國西部的崇山大漠，也與各方好友共聚言歡。

在不同場合中，我這個單身女子對已婚友好打開這個話題：「有人說恩愛夫妻包涵了『知己』和『情人』，但我認為要加上『諍友』。」

好友們多在少年時已移民加拿大，從未聽過「諍友」二字，問我何解。我答道：「諍友就是能夠直言相勸的朋友。」

她的話教人尷尬

C 是很有名望和深受歡迎的講員，感謝他經常應邀到我服侍的教會講道。一次主日崇拜後，我請了 C 夫婦到附近酒店的中餐廳午膳。

謝禱後，正享受熱騰騰的點心之際，C 太太邊吃邊對着丈夫說：「你剛才講道的見證和事例太多，《聖經》的講說反而少了。」她突如其來的兩句話，令C和我都有點尷尬。幸而她言簡意賅，沒有絮絮叨叨的繼續說下去。

C「嗯」了一聲，就替她和我挾點心，然後低頭不語。身為後輩的我，處身其中，怎敢多言，氣氛頓時有點凝重，幸而過了一陣子，又能閒話家常。

事後回想，我很欣賞C太太。儘管她在一個不太合適的場合提出意見，但讓我體會妻子作為丈夫「諍友」的重要。試問：除了妻子，有誰敢，也有誰適合對C說以上這番話？

男士聽罷均回應道：「妻子提醒丈夫尚可以，丈夫提醒妻子則不能。」

「何解？」我問。

丈夫們瞄一眼妻子，噤若寒蟬。妻子們好想繼續聽我的「偉論」。

「夫妻不是應該互相幫助和守護嗎？若一方有差池或錯失，另一方必須合宜和合時地提醒和勸告，讓對方儘快去糾正與改善。夫妻關係良好，就能成熟地以愛心和善意說誠實話。彼此學習聆聽、尊重和信任，且有足夠的胸襟和氣量，切忌罵責、奚落、譏諷或惡言相向……如此才是真正的好夫妻呀。」我搬出大套道理。

有幾位「愛妻號」弟兄事後個別對我說：「我也好想做妻子的諍友，只怕話出了口，不知會有什麼後果，好難呀！」言談之間，就能理解他們或怕妻子受不了直言勸戒，又或者覺得女人比較小家子吧？

是的！好話人人愛聽，忠言永遠逆耳。此乃不爭事實。

有友人知道我一向敢言，為人也真誠，便邀請我做諍友。能當別人的諍友是榮幸，但我也需要諍友——

有一次，A 姊妹回應我的講道：「你的信息太沉重和太負面，令會眾聽得很辛苦……」又有一次，B 姊妹對我說：「你剛才提的宣教士名字錯了，應是……」C 姊妹也曾告訴我：「你穿的衣服有點貼身，站在講台不合宜……」她們給我的叮嚀、更正和提醒，我一一牢記、深深銘謝。

三十多年的事奉人生，上主予我牧師聖職，經常站台講道和領敬拜。作為神的代言人，責任重、壓力大，加上我的性格耿直坦率、快人快語，容易犯錯和得罪人而不自知。於是，我時常緊記台上台下都要謹言慎行，也邀請兩三位主內姊妹做我的諍友，為我禱告和守望。多年以來，她們的提醒、她們的守望，在我事奉路途，給予很大的幫助與支持。

你有諍友嗎？

無畏無懼似牛仔，
有情有義勝魔鬼！

無愁無憂騎馬仔，
有情有趣好生鬼！

姓名：黎牧師伉儷

專長：忠心服侍

在報恩之旅上一課

我去溫哥華旅遊和探望好友，必定入住海庭、幸子夫婦家中。他們一家四口待我如親人，令我自在愜意無拘束。

有一次，到訪溫哥華。他們和另一對夫婦好友想我開心，決定帶我去美國一個海邊小鎮玩樂幾日。沒料到，出發前三天，我才發現自己的美國簽證過了期。

畢竟是好友，他們沒有怪我粗心大意，且多番安慰，更為我想盡辦法，可惜無補於事。只是，辜負人家一番心意，我內疚死了！

幸有一位姊妹補替我的位置，不致浪費預繳的費用，讓我稍為好過一些。補替的姊妹將她的飛行里數轉送給我，讓我去了加拿大的卡爾加里（Calgary）—— 向黎牧師夫婦的「報恩之旅」。

2012 年的一個主日崇拜後，一對陌生的中年夫婦走到我面前自我介紹，自薦要來方舟之家做義務同工。我對他們毫不認識，心忖：「邊有咁大隻蛤乸隨街跳吖？」

原來在神的國度裏，沒有什麼不可能！這對中年夫婦，就是來自卡爾加里的黎牧師伉儷。

那一年是黎牧師的安息年假，他知道方舟之家牧養傷殘羣體，便向教會申請在方舟事奉四個月。

他們如願的盡心盡情在方舟講道、教主日學、和師母參與小組、探訪院友、出席安息禮；且為教會帶來一筆奉獻，支持方舟事工。

我和方舟人感激又感動。

施恩者原是失落人

當我去溫哥華的機票落實，心裏掀起報恩的念頭：希望能去卡爾加里探望黎牧師伉儷，神果然成就了。

一到卡爾加里，熱情的黎牧師伉儷接待我到其府上住宿。翌日，師母親自駕車帶我去班芙（Banff）遊覽，說要讓我從另一角度欣賞洛磯山脈的雄偉壯闊。我們仨相逢恨晚，途中說個沒完沒了，彷似多年未見的老友。

第二日，適逢卡爾加里的「牛仔節」，在市中心有大型花車巡遊表演。黎牧師夫婦大清早就帶我到了市中心一起早餐。他倆坐在餐廳內，悠閒地呷着咖啡觀賞精彩絕倫的表演。我精力無限地跑足兩小時，瘋狂地拍下三百多幀照片和幾十段錄影，簡直似一個患了活躍症的老小孩，攀高俯臥的穿插人潮中。他倆見我如此興奮也沒有禁止，只是偶爾提我要小心。

看罷表演，我們去到一個幽靜、優美、遼闊的墓園，探望他們的兒子——家曦。這孩子四個月大的時候，被醫生診斷為腦幹神經和細胞提早衰退，成了嚴重殘障者。2007 年安返天家，終年二十六歲。他們家中每個角落，都有家曦的照片。

我默默佇立一旁，看着師母專注拔除墓前野草，牧師澆水清潔墓碑。我低頭垂淚，代入了他們對愛兒遙遠的思念；我仰天心禱，祈求天父安慰眼前人，顧念祂的忠心僕。

我靜聽他倆娓娓道來家曦的故事，並對愛子的憶念。

事奉神的僕人，並不是一定家肥屋潤，風調雨順。面對苦難和困境時，正正考驗我們對上主是否依然信靠和順服、敬畏與跟隨。黎牧師夫婦沒有怨懟苦毒，還要祝福他人，他倆成為我的榜樣。

「多謝你們帶我探望和認識家曦，此生不忘！」我含着淚說。

主日崇拜，我站在講台上，代表方舟之家向卡爾加里教會的弟兄姊妹問安和道謝、勉勵和祝福。

沒料到報恩之旅，是神再藉他倆教導我事奉的真義，祝福我的人生旅途。回來後，與朋友談到這次旅程，他們一致認定是出於神美善的心意，讓我感恩。

本來是我的報恩之旅，神卻再一次藉着這對夫婦祝福了我。

姓名：陳家么女

專長：安慰父母

救回一位小天使

好的裝修師傅難求。聽過很多人搬屋的不愉快經歷，慶幸認識一位可信的裝修師傅。每次搬屋裝修，抑或家居維修，不作他選，必定第一時間聯絡我的家居救星 —— 陳先生。他做事認真，殷實可靠，收費相宜。後來，我把他介紹給其他朋友，大家對他同樣有讚無彈，建立了信譽和口碑。及後，知道陳生和我也是東莞人，更多添一分鄉里情。

認識陳先生，不是因他替我裝修，是因為他太太。説來話長，約二十多年前……

他們夫婦是基督徒，家住沙田，就在我事奉的教會附近。陳先生因裝修的工作影響了教會生活，只能偶爾出席主日崇拜；變相陳太要獨力帶着兩名三歲和一歲的子女去九龍區的教會聚會，路途遙遠不便，也感到非常吃力。她決定在住處附近尋找一間教會，如是者她來到我事奉的教會。每次來崇拜，陳太總是挽着大袋，拖着小兒，揹着幼女，十分狼狽的匆匆趕至。我很欣賞她對神敬畏之心，漸漸和她熟稔了。

我們沒能力再養孩子了

一個主日崇拜後，陳太拖着一對幼兒來到我面前，愁容滿面的説：「好煩呀！徐姑娘，我最近發現意外懷了孕。自從第一個孩子出世，我就做全職主婦，一直只得先生做裝修賺錢養家。你知道這一行收入不穩定，兩名子女幼小。唉！我們真的沒有能力養第三個孩子了……所以，打算過幾天到深圳墮胎。我知道這是不合《聖經》教導，但……真的沒法子，請為我祈禱！求神赦免我……」忙得暈頭轉向的我，一聽她這番話，嚇得差點昏倒。

我定一定神才回應：「事關重大，這時候不便詳談，我和堂主任陸先生來你家探訪，請你的丈夫也要在場，到時再從長計議吧。」她想了想就答應了。

那個晚上，首次探訪陳氏夫婦。四口之家住在狹小、簡樸的居所，看得出是一般勞苦大眾的家庭。

我和陳先生素未謀面。他年約三十多歲。雖然個子不高、身形偏瘦；但有一副勞動者的外形，更有為夫為父的承擔力。夫婦雖是出身基層，但談吐斯文、待人誠懇。

我和堂主任費盡唇舌講解《聖經》，說明上帝對生命的重視，耗盡心力勸導、分析利弊，切切為他們祈禱。目的只有一個，就是希望救回一條小生命。

我還記得曾對他們說：「生命是從神來的，切莫摧毀！天父既然賜你們有第三位孩子，祂必會供應你們生活所需。別怕！憑信心將孩子生下來吧，神自有方法養育他。」

在神的保守和人的聽命下，陳家的三囡終於平安來到人世間。

有一年，陳先生帶着八、九歲的三囡來我家做些小維修。印象中小妮子樣子清麗、性情純善。他們夫婦為三名子女供書教學而胼手胝足、克盡天職；如今子女長大了，他們多年沉重的擔子輕省了。這位「大難不死」的女孩，今天已是一位從事電腦行業的 IT 人。

直到今天，陳先生仍是我的家居維修師傅。有三數次，他突然心血來潮告訴我：「我和太太很感激你和陸先生，要不是那天晚上你們來探訪，讓我倆改變初衷，肯定『搞出人命』。我們肯定內疚終生，愧對上帝……三名子女中，老三唸書的成績最好，且乖巧孝順，從不用我們擔心。每次回想，都要感謝神！」陳先生講起么女就滿臉歡顏。

噢！原來老三是天父差來的天使。

姓名：Kim 一家

專長：彼此饒恕

和好要在晚餐後

曾在英國逗留一個月，期間在 Kim 的家中作客，算來已是第二次了。

我認識 Kim 家族已二十多年，Kim 排行第二，有一姊二妹一弟，五兄弟姊妹陸續退休，更有兒孫繞膝。他們一家四十六人，雖然人多，但關係緊密，經常聚在一起。

我也曾和 Kim 與他的家人一行十九人飛往西班牙，再乘遊輪暢遊地中海一星期，享受藍天碧海和異國風情。

有一次，Kim 夫婦和我在一間餐廳午膳。那是英國的夏日，雖然陽光燦爛，仍滲着絲絲涼意。Kim 吐出真心話：「徐牧師，我一生只有一個弟弟，奈何多年來我們兄弟倆沒半句話兒。唉……難過，我都六十歲了。只希望能夠和弟弟飲杯茶，食個包，聊聊天，於願足矣！」眼前這位健碩的中年漢子，感性地談到他對弟弟的手足之情，眼眶隱見淚光。我知道有一段時間，Kim 與弟弟幾乎沒有聯絡。

Kim 弟弟一家四口多年前因着不同的原因，從此疏遠家人，近年也甚少往來。作為長兄的 Kim，深感遺憾。

就在同一天的黃昏，Kim 的弟弟和弟媳赫然出現在 Kim 家中，大家都感詫異。原來是母親瞞着家人，喚他們來晚膳。不難想像，這頓晚餐吃得尷尬，也不自在，個個都甚為拘謹。當他們告辭時，作為客人的我，也起身出門相送。

出門之際，Kim 的弟媳用力握着我的手腕，情懇意切的說：「牧師，我倆想和你談談。可以嗎？」我不知何事，但也順應這突如其來的邀請。

奇蹟始於座駕

近一小時，我坐在這對夫婦的座駕內，聆聽他們家族不和及疏遠的原因。

「謝謝你們對我的信任，但我幫不到你們，只知道耶穌可以……」我把握這個機遇，向他們分享耶穌的福音，並邀請他們相信耶穌。奇妙的是，他們即時決志。

和他們道別後，我立刻跑到樓上，向已信主多年的伯母和她的么女報喜訊。但是，她們竟然不信！我費了一番唇舌，她們仍是半信半疑，么女更說：「你明天陪我去探哥哥和嫂嫂，看他們是否真的信耶穌！」

第二天，在 Kim 的弟弟家中，妹妹聽着兄嫂真誠分享如何知錯悔改，歸信基督。我們四人心被恩感，帶淚相擁和祈禱。

接着的主日，我邀請了他們夫婦去 Kim 的家出席家庭崇拜。大廳內圍坐着這對夫婦和母親、嬸母、嫂嫂、么妹和她兩位年輕兒子；我為他們講「浪子回頭」的比喻。

夫婦二人聽道後，上前擁着母親，聲淚俱下，不斷道歉，求她的饒恕。母親流着淚，不住撫慰曾令她傷心難過的兒子和媳婦。在場的人，無不被這突然的舉措怔住，一個一個涕淚漣漣、擁抱親親……那場面比電影情節更震撼，更感人！

誰知好戲在後頭……

一直在樓下忙着餐館事務的 Kim，突然上來，竟見各人哭哭笑笑、左擁右抱，忙追問發生什麼事。

弟弟迅即走到哥哥面前，向兄長道出往昔種種不是，乞求原諒。沒想到弟弟突然如此，Kim 一時間不知所措：「無事，無事，我們一世人倆兄弟！你得閒陪哥哥飲杯茶、食個包、聊聊天，我就好開心了。」

站在旁邊的我，差點要帶他們唱：「齊歡唱，同慶賀……」

聖誕新年期間，他們兄弟的家庭果真共約聚首，如 Kim 之前的期盼。

後來，Kim 夫婦回港，他的母親邀請我到家中晚膳。Kim 告訴我，他們夫婦返港前也曾探望弟弟一家。

誰想到這幕幕夫婦信主、家族復和、手足情未了的故事，不過在短短一個星期內上演。作為旁觀者，感謝上帝讓我看見神蹟。

姓名：禤主任

專長：念記學生、遠道尋訪

被老師尋訪

一個週末早上，剛踏入辦公室，電話鈴聲就響起，我連忙接聽。

「我想找徐玉琼牧師。」是一把女士的聲音。

「我是。請問有何事？」

「我是禤主任呀。」剎那間我想不起是誰，唯有誠實直言：「對不起！我不認識你！」

「我曾教你小學的……」她一說，我立即接上：「你是禤美玉老師？」

「哎喲，連我的名字你也記得！」電話那端傳來雀躍的聲音。

「噢！禤老師，多年不見，你好嗎？我好開心，為什麼你會致電給我？」我真有點好奇。

「我移民美國多年，和你失去聯絡。回流返港後不時想起你，於是四處託人找你囉！記得你是傳道人，我有一位在神學院工作的朋友說認識你……」

造夢也沒想過小學老師竟然尋訪我！

五日後，我和禤老師相約在太子道一間餐廳吃早餐。相聚一刻，相擁，相視，相笑。

多年不見的禤老師保養得宜，一身雍容高貴的打扮，一頭燙貼的曲髮，一臉淨白的皮膚，怎也看不出她已是年近七十。

我畢恭畢敬地送上我的書作為見面禮，對她說：「一日為師，終生為師，得老師念記尋找，心感榮幸和驚喜。老師是我音樂的啟蒙者，你挑選我成為小詩班，訓練我唱女低音（Alto），令我掌握和唱的竅門，享受箇中的樂趣。」她笑瞇瞇的說：「哦！真有此事？我都忘記啦。」

這趟約聚後，我跟十多位小學同學聯絡，再與禤老師晚膳。那一夜，彷彿時光倒流，我們回到小學生階段，講的盡是當年的軼事和糗事，大家笑作一團，四十多年的師生情誼傾瀉。

我將老師尋訪的事告訴家人、好友和會友。他們異口同聲的說：「學生尋找老師聽得多，但被老師尋找則稀矣！」又有姊妹說：「我猜想你一定是老師心中的好學生。」

恩深義重的老師

九歲那年的一場大火，家園盡毀，我們一家由港島西營盤遷徙到九龍橫頭磡的徙置區。初來埗到，人地生疏的母親，從鄰居口中得知有一間天台小學中道學校，免費派送校服、白鞋、雨傘和書簿給學生。六十年代初，外國許多差會派宣教士來港辦學，藉此開展福音工作。拜祖先和敬鬼神的媽媽，在拮据窮困的處境下，顧不得宗教元素，把我們三姊妹送入基督教學校唸書。

小學五年級的班主任鄭慧修老師，十分疼愛和器重我，常請我做她的小幫手，帶我去家訪，待我如妹妹，又和我分享家事。那時，未有九年免費教育的政策，她知道我因家貧面臨輟學，竟願意為我交學費，希望我能完成小學。

這位恩師，我一生銘記。

後來，藉着禤老師的連繫，我終於可以和一直失去聯絡的鄭老師約聚，我們仨細語共話當年。年逾半百的我，不單知道愛我的老師仍健在，更神蹟地與她們重逢共聚，喜見她們都安享晚年，心中有千百萬感恩！

姓名：幼兒園學生

專長：報答師恩

學生來尋我

一次，我應邀擔任一個營會的專題講員。

中場休息時，一位高大俊朗的年輕人走到我面前，禮貌地帶笑說：「請問你是否多年前曾在一間幼兒中心教《聖經》故事的徐姑娘？」

「正是！」我有點驚訝，那是三十一年前的事。

「你記得我嗎？我就是你的學生吳廷軒呀！」他雀躍和興奮的叫嚷。我怔怔的凝視這位有點陌生的年輕人⋯⋯

那時，我是一位女傳道，也在教會附設的幼兒中心擔當宗教主任。

在上學放學時，我站在大門和前來接送子女的家長打交道，漸漸建立了情誼，也會連繫較談得來、熟絡的年輕媽媽，用不同形式向她們分享福音。

我更重要的任務是每週為一百位二至六歲的幼童講《聖經》故事。我花了很多時間和心思，自行設計一套適切幼兒的課程，製作教材、創作兒歌和詩歌。

當我走進課室時，一張張可愛的小臉蛋，一雙雙澄明的小眼眸，正殷切的期盼着我。我全情投入、渾然忘我，演繹《聖經》人物和情節，務求令顆顆稚嫩、純白的小心靈能認識耶穌。孩子們聽得入神，一時咧嘴傻笑、一時緊張握拳、一時拍手歡呼。記得有一次講到耶穌釘十字架，一位約三歲的小女孩哭得好傷心，我要抱她坐在膝上安慰一番。

如此十年無間，永不厭倦、樂此不疲。我有一個強烈的信念，這羣小孩子日後會信耶穌的！

昔日撒的種

原來已經三十多年。歲月啊，我捨不得孩子長大！童稚的真、純、善、憨、是我生命的另一場愛戀！

記憶漸漸回來，昔日的小軒，臉頰有兩個深深的小酒渦；現在眼前的帥哥，保留着這迷人的特徵，笑起來的樣子依然甜甜的。

我忘形地輕撫他的面頰說：「我記得啦！噢，三十多年不見，今日相認，實在是神的恩典！」

「我仍記得你講大衛打巨人歌利亞的故事，你手中拿着機弦（是我在以色列旅行時買的）和小石子……」廷軒一邊興奮説着，一邊比劃做着動作；在旁幾位目睹此事的參加者，都被我們重逢的開心所感染，且嘖嘖稱奇。

我和廷軒用手機拍下合照留念。站在他旁邊，我變成一個「小女人」。

他簡述了成長的經歷。離去前，他説：「我有神的感召，預備去唸神學，請為我祈禱。」太好了！謝謝主！

多年前的一個下午，我坐在巴士上層靠窗的位置。途中，一位年輕的女生突然從後走到我的身旁坐下，向我開腔：「你是幼兒中心的徐姑娘嗎？」

我一回應，她忙不迭的捉住我的手，熱情地説：「我是綺筠呀！在幼兒中心的四年，實在太快樂、太難忘了；中學畢業後，就去理工唸幼兒教育，現在也是幼兒老師……」她一口氣敍述了她的近況，笑容燦爛如陽光。

在我的記憶裏，綺筠是個白白胖胖的小女孩。要不是她主動和我相認，我一定不能認出眼前這位亭亭玉立的幼兒老師呢！

「你有沒有信耶穌呀？」我一貫快人快語、直截了當。

「我幾年前信了耶穌，現在也有上教會。我還記得你常常講《聖經》故事給我們聽……」我的信念成真，快樂極了！

昔日，我如農夫默默和努力在孩子的心靈播下福音道種，經過漫漫年日，今天終於看見收成。

好心船長大幫忙，
江湖救急免徬惶！

搭錯船冇得落船，
有人緣可以斡旋！

姓名：船長

專長：安慰乘客、熱心尋人

船長的尋人廣播

晨光初露，我從老遠的沙田急趕到港外線碼頭，約了一眾好友乘搭第一班離島渡輪去梅窩，打算齊齊登上大東山度假休息兩日。

時值秋冬，我穿着一件在烏魯木齊跳蚤市場用低價買來、前蘇聯深藍色的殘舊寬身斜布及膝長褸，手持木製行山杖，背着大背包，又因風很大，頭髮凌亂，驟眼看來，我十足丐幫幫主，有點嚇人。

到了碼頭，看不見好友，以為他們登了船，又見船快開航，不理三七廿一就跳上船去。來不及喘息，船就啟航。當我四周張望友人坐在哪裏時，就聽到船上廣播：「各位乘客，往長洲渡輪……」長洲渡輪？我是要去梅窩！糟糕了！

一緊張人就亂。來不及思想，我的嘴已經大叫大嚷：「停船！立刻停船！我搭錯船呀！我要落船……」我的吼叫聲肯定嚇壞坐在我附近本來打着瞌睡，或看着早報的乘客們，他們紛紛向我行一個注目禮後，雞飛狗走四散去。莫非他們以為我是瘋婦？

我要見船長

我的吼叫驚動了船務員，他飛奔到我面前問個究竟。我以極快速度把事情精簡地告知。他禮貌周周的說：「小姐（幸好沒叫我大嬸大姑），請冷靜！船開了是不會再埋岸的，但你可以在長洲再乘橫水渡去梅窩。」

當時是未有手提電話的年代，我根本無法通知朋友，急得差點哭出來：「但我的朋友不知道我上錯船，我怕他們擔心，不會等我……」

「我想見船長。可以嗎？」「對不起！我無法幫你。」他仍是有禮的回應。

我鍥而不捨的死纏爛打，他一臉為難。「待我去問問船長吧。」我向他打躬又作揖。不久，他回來說：「船長請你去見他。」呵呵！太好了！

走入駕駛室，看見一位身形健碩、頭髮有點斑白、身穿白色制服的船長，我再重述上錯船的事件。他說：「你的朋友會否已經乘搭往梅窩的渡輪？」我搖搖頭說不知道。

「這樣吧，我嘗試用無線電傳去梅窩的渡輪，請那邊的船長用廣播通知你朋友跟你通話，好嗎？」這自然最好不過，我立即告訴他一位友人的名字。

Over！Over！兩班渡輪的船長在對話。

不消多久，大氣電波傳來友人的安慰話。她進了駕駛室：「別擔心！我們全班人馬在梅窩碼頭等你。」能夠聯絡她們，我的心頓時安妥了。

我忙不迭向船長深度鞠躬。什麼大恩大德、沒齒難忘的話，說個沒完沒了。

回到船艙，倚着欄杆，仰天眺望，天色特別清美；低頭看海，海也特別亮麗。

我按照船務的建議，在長洲搭上橫水渡，終於到了梅窩碼頭。友人一見我出現，再看我一身裝扮，忍不住抱腹爆笑。

「哈哈……千古奇聞呀！一個傻姑竟然可以感動船長為你越海尋人？你真了得呀！服了你！哈哈……」我不理他們，興奮地將詳情報道。他們聽了，笑得更厲害，差點來個滾地葫蘆。

每次一提起搭錯船事件，友人仍然笑得人仰馬翻。而我，對好心船長永念、永記。

姓名：伍女士

專長：義助陌生人

大澳恩人

有次收到《時代論壇》編輯傳來一通電郵。

徐玉琼女士：

主內好！網上聽到《大澳恩人》的錄音節目，深受感動，因為當中那位女士正是我的母親。母親現在年紀老邁，已遷往屯門在妹妹家中居住，希望閣下有空可以聯絡本人，謝謝！

主內

阿屏（化名）

信中所提的故事，是我在《時代論壇》寫專欄的內容，文章錄音也在網上播放。

時光回到四十多年前，時值國內文化大革命，民不聊生。身為長女，時年十九歲的我被母親委以重任，帶着兩位十五歲和十一歲的妹妹，回家鄉東莞接濟我舅舅六口之家。我們大清早起牀出門，媽媽將可穿着的都往我們身上套，十足三隻大襶子。

因忙亂和急趕，我竟遺下錢包在家中，過關時才發現錢包不見了……就是因着伍綉球女士的宅心仁厚，信任我這個陌生人，借我一百塊錢應急（相等於今日的一千多元），她解了我的厄困，讓我完成任務。自此，我每次到大澳必探望我的恩人，直至她搬離大澳。

阿屏的電郵給我莫大的驚喜，我迅即回覆，她很快與我聯絡。她告訴我，昔日大澳的鄰居、童年的好友聽到這個錄音節目，立即告知她，然後就如上述所講，她寫了一封信給我。因着這封信，我認識了阿屏，也有機會共約到屯門探望她的母親。

她真是好事多為

幾天後，我由烏溪沙跑到老遠的屯門，在人聲鼎沸的酒樓近門處，一眼就認出大澳恩人 —— 伍綉球。阿屏召來七位家人見我，熱情迎迓，令我受寵若驚。我被安排坐在阿屏和她的母親中間。年近九十的伍綉球有失智癥狀，要坐輪椅；幸好子女孝心，請來傭工服侍，晚年無憂。

話匣子一打開，我就提起她們母親對我的「救助之恩」。

伍綉球的丈夫幾年前去世，她獨自守着開業六十多年的老舖「杏林藥行」，幸而身體和精神都應對得來。有一趟我請她午膳後，她帶我到家中坐；沿途一見人就喜孜孜的說：「她呀，叫我恩人呀……」

家人聽罷，好生感動。與母親同住最長日子的女兒阿清說：「一點也不出奇！我媽在大澳有個尊號，人人都叫她做『大澳黃大仙』。」

另一位家人又說：「我們曾聽她提及這事，但都是零星片段。還以為母親又被人騙錢了……」他們七嘴八舌的講說伍綉球的「好事多為」、仁心懿德的故事。

我擁着一臉慈顏的恩人，逗她說話：「你認得我嗎？」

「記得！你叫我大澳恩人嘛。」她喜孜孜的說。

「我好多謝你四十多年前借錢給我渡過難關，今天又可以認識你的家人，好開心！」她但笑不語，忙着吃點心。

原來信主多年的阿屏和我所事奉的宗派有着深摯的淵源，我們的話題就更闊更多了。

世事總是那麼令人意想不到。阿屏十五年前與夫婿、子女移民溫哥華，每年 11 月必回港為母親慶生。她興奮的對我說：「感謝神！母親幾年前決志信主了……」

去年，在阿屏悉心的安排和跟進下，我和大澳一位牧師到醫院為伍綉球洗禮。信主的家人欣喜和感動不已。

離開嘈雜的酒樓，來到一個寧靜的小公園，我們拍了幾幀合照留念。我為一眾祈禱祝福，親親恩人說再見。

下午和煦的陽光灑照身上，心更暖。

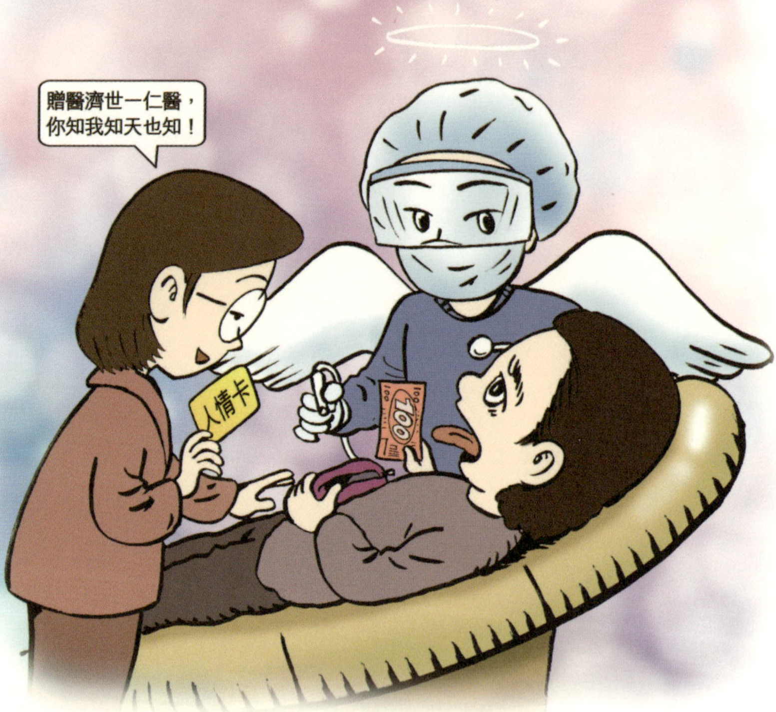

贈醫濟世一仁醫，
你知我知天也知！

人情卡

姓名：鄭醫生

專長：贈醫濟世

使人又怕又愛的牙醫

趙太一家是我認識多年的會友。他們一家三口，獨子患有自閉症，趙太為了照顧他，不能外出工作，丈夫成了家中唯一的經濟支柱。

正值盛年的趙先生不幸患上癌病離世，趙太頓失依傍，整日活在焦慮驚憂、誠惶誠恐的孤苦中。幸有教會弟兄姊妹的關愛和幫忙，情緒總算穩定下來。

有一天，電話那端傳來趙太的哭泣聲。

她牙痛，便去所住屋邨附近的牙醫診所求診，誰知遇上失德的醫生，不單沒有治理好她的牙患，反令牙痛加劇，徹夜無眠。第二天，她再見醫生告知實況，竟遭醫生惡言和奚落，令她心靈受創。我聽罷，既憐惜她的苦痛，又氣憤醫生的無良。

我安慰她：「別擔心！明天我帶你去見我的牙醫鄭醫生，她一定會醫好你的牙病。」然後，在電話為她祈禱。

我好怕見牙醫，因為……

翌日，我陪趙太到了鄭醫生在佐敦的牙醫診所。候診期間，她不斷緊張兮兮的問：「不知收費貴不貴呢？」

經她一問，才明白她為經濟擔心。我突然心有所感，寫了一張便條給鄭醫生，內容大概是：趙太是我的會友，因喪夫要靠綜援生活，請她酌情收費云云。

我認識鄭醫生已超過四分一世紀。她是一位愛主愛人的基督徒，因敬重傳道牧者而給予優惠價。其實，我好怕見牙醫，一旦坐上那張椅子就如行刑，但為了不想老來變成無牙婆，加上鄭醫生仁厚溫柔，才能令我心安，每年例必乖乖覲見。而這二十多年來，她從未加價。

不久，趙太被喚叫進了診症室。

等到出來，她急不及待的告訴我說：「徐姑娘，那位牙醫姐姐真好呀！她幫我補了兩隻牙，現在不痛了，真多謝你和她呢！」本是愁容滿面的趙太，臉上終於露出笑意。

「那就好了，等會我請你吃雲吞麪。」我說。

「好哇！」她開心得像個小朋友。

護士喚她去付款，我一個箭步走到登記台，「多少錢？」我一邊打開錢包，一邊問。

護士回話：「鄭醫生說收七十元。」我登時一呆，補了兩隻牙，只收七十元？她真的十分「酌情」了，我立刻付了款。

此時，趙太也走過來，說：「鄭醫生剛才告訴只收我七十元診金，我十分感激……」眼眶滾動着淚水：「徐姑娘，我已經阻你時間，多得你陪伴，又介紹這麼好的醫生給我，怎好意思要你出錢……」

我擁着她的肩說：「天父愛你，又給我豐足，請給我一個機會來服侍你吧。」

此時，另一位護士走出來：「徐姑娘，鄭醫生想見你。」

我推門進去應診室，一見鄭醫生就深深鞠躬，連聲道謝。她靦腆地說：「請別客氣。若趙太負擔不起，可以免費。」

「鄭醫生，你已經幫了趙太一個很大的忙，感激和欣賞你的仁慈和善心，願上主報答你……」話未完，我的淚水悄然滑落，再也說不下去。

姓名：大暴龍

專長：制止欺凌

小火龍與大暴龍（上）

2015 年 8 月初，友人 Marco 邀請我為他開創的天使家庭中心（註）做義工。我和三位導師帶領十六位十至十七歲的少年人去台灣，展開七天流浪之旅，主題是「上帝的七堂課」。

畢竟，幾十年沒有服侍少年了，何況我已是一個行將六十一歲的「阿婆」嘛！然而，經過一輪祈禱和掙扎，我勇敢地答應了。

這旅程讓少年人學習自我照顧、人際關係和團隊精神，全程由他們當家作主，學習一同商議、達致共識、作決定和一致行動。此外，要認識當地文化，也用普通話和台灣人溝通，在陌生環境尋路、問路。

機構所提供的盤川少得可憐，目的是要少年人學習善用金錢，如何解決交通費和三餐一宿。過程中，他們不可動用私己錢，更不可「偷呃拐騙」。作為導師的我，只能在非不得已或有危險時，才出口或出手相助。

我們一行二十多人到了台北桃園機場後，就兵分兩路。我和鄺弟兄負責十至十四歲五男三女的組合。

內外交加的風暴

抵埗三日，我們就遇上台灣有紀錄以來，橫流最廣、停留最久的超強颱風「蘇迪勒」（台灣傳媒稱為「胖颱風」）。蘇迪勒正面吹襲我們下榻的宜蘭縣蘇澳鎮，風力高達最強的十七級。窗外狂風怒吼、暴雨斜橫，大樹傾倒、有些招牌在半空飛，幸而我們躲在安全的民宿內。

然而，與此同時，我們在民宿內迎受另一場更強更烈的人際風暴……

先説説這八個人兒，孩子大多讀名校，父母都是同一間教會聚會的會友。他們全是嬌生慣養的性格巨星，每天的小組時間都先來一場「大龍鳳」，喜歡無厘頭的互窒、七嘴八舌鬥氣，甚至動粗。我和鄺弟兄要用百般忍耐、諸般智慧、剛柔並濟、恩威並施，才能制止他們。

開組時，A 仔突然當眾落淚，一臉委屈、欲言又止，暗示被 B 仔欺凌；B 仔心虛，先發制人，當眾向 A 仔大吵大罵，接着怒氣沖沖離開。不消三分鐘，B 仔又突然破門而入，仿似一頭狂野的小獅，失控地爆發他的情緒，一口氣吐出許多謾罵人的晦氣話，再衝門而出。

小女孩被嚇得三擁而泣，三個男孩則你眼望我眼，驚呆無語。

為怕B仔出事，鄺弟兄連忙追出去尋找這條「小火龍」，且用了很長、很長的時間陪伴、聆聽、勸導，B 仔才收斂他的怒火。

我則忙着安撫其他受驚的孩子。待他們情緒穩定後，請了 A 仔到另一房間，了解事情原委。原來昨晚臨睡前，B 仔在男宿房做出令 A 仔憤怒的事。A 仔天生對某類食物敏感，許多東西都不能吃，因此影響他的發育。雖然已經十二歲，身形卻似八、九歲，因此成為被欺凌的對象。經我安慰和輔導，A 仔的情緒總算平復。以後幾日，他都睡在我身旁。

幾小時後，蘇迪勒漸漸遠去，孩子們的風波總算平息了。

然而，我發覺自己掀起另一場心靈風暴……

註：天使家庭中心成立於 2005 年，為一所非政府資助的家庭服務單位，由專業社工及經驗導師組成，與不同學校、教會及機構合作，致力提供多元化、專業及優質的服務。

不是什麼事我都要忍，
所有不潔的都給我滾！

姓名：大暴龍

專長：自我反省

小火龍與大暴龍（下）

欺負人的B仔不單恣意妄為，還惡人先告狀，亂發脾氣，多次惹事生非。可怒也！幸好我仍能按捺着，不至向他發難。

行程繼續，我一直暗中保護A仔免再受欺負，又靜觀細察B仔的言行舉止，怕他再惹事端。不出所料，B仔在返港前夕，又再闖禍，結果要由兩位導師陪他離開大隊。可惜，這孩子自始至終毫無悔意，令我擔心又痛心。

被自己放的石頭絆倒

處理孩子間的欺凌事件，牽動我的情緒:鬱悶、沮喪，甚至有點洩氣。

我念及香港的校園欺凌事件日趨嚴重，實在令人擔心；同時，也發現自己無法接納這一代。物質太豐富、生活太安逸、父母太嬌縱，教育太不濟……現代的孩子被培育成小霸王、衍生出公主病。相對我們那年代，大多過着匱乏清貧的生活，在父母的「藤條炆豬肉」下長大，即使如此，猶知道孝悌忠信、明白禮義廉恥，品性純善、生性聽話、克苦勤儉。

「這七天流浪旅程，我體會很多，也學了很多功課……今天的少年，什麼都不懂，他們太幸福，沒有承擔感，虛耗光陰……我和這一代脱節了。」我發了這個短訊給一位服侍青少年的朋友，簡述了這幾天的想法。

「現今的青少年和當年的青少年真的不同，我們要終身學習。我每次帶青少年都戰戰兢兢，摸着石頭過河，一不小心，不是掉在河裏，而是被自己放下的石頭絆倒了。」他回覆我。

「而是被自己放下的石頭絆倒了」這一句，令我心頭一顫，突然靈魂甦醒。我發現一直羈絆我的石頭就是不愉快的童年。

安靜、沉澱、檢視、反思……上帝讓我看見自己比 B 仔更不堪，更可惡！自幼到長大，我長期被雙親忽略和責罵，經常委屈落淚，一直壓抑自己憤怒情緒，曾暗暗發誓：「等我大個，再不讓任何人欺侮和傷害我！一定要發奮圖強，自力更生！」

歲月磨礪，我由怯懦怕事的「鵪鶉妹妹」，蜕變成絕不好惹的「霸氣姐姐」；不屑和懶惰散漫的人為伴，更不與靠賒靠借之徒交往，性格漸漸變得硬朗剛烈、剛愎自負、驕傲自義而不自知。

雖然信了耶穌，心靈貨倉仍積存大量火藥，容易燥怒，一觸即爆，殺傷力強。儘管努力和小心奕奕，我內裏的暴龍經常走出來作惡闖禍、向人噴火。其實，我無心也無意去傷害人，只是不懂控制情緒。憤怒過後自知不是，縱使誠心實意向人鞠躬認錯，道歉請罪，但仍要面對友好，甚至家人不原諒的後果。為此我經常懊悔自恨，有苦自己知。

誠如保羅所言：「我真是苦啊！誰能救我脱離這取死的身體呢？」（〈羅馬書〉7：24）

我是在三十歲後，事奉之初，才意識自己有性格和情緒的障礙。多年來，不斷努力進修個人成長、心理輔導、心靈醫治等課程，學習認識自己和管理情緒。

這漫長的歲月裏，上主用各種方法醫治我內在的創傷。至終，我內裏的暴龍被耶穌的大愛馴服。謙卑在天父面前，誠心為這八位孩子禱告和交託。這趟台灣流浪之旅，竟是上帝給我上了寶貴的一堂課。

姓名：台灣的叔叔嬸嬸

專長：鼓舞孩子

台灣最美的風景

在台灣行程中的其中一天，我們到一間麻糬製造廠參觀和學造麻糬。

年少無知的八位王子、公主，事前不去準備，途中不去問路。明知他們走錯方向，但按機構指引我們不能提示，任由他們自行解決。如此，我和鄺弟兄陪着這班少年走了兩個多小時的冤枉路。

在超強颱風蘇迪勒迫近宜蘭的街頭，我們頂着熱刺刺的大太陽龜速蹣行，汗水如黃河奔流。我深深體會以色列人在曠野漂流之苦，即將支持不了，上帝憐惜這十粒「人肉乾蒸燒賣」，差來一位中年的善心太太，她看見我們就動了慈心，主動駕車送我們到目的地。

這間麻糬製造廠同時也是門市，寬敞的空間擺設兩張長桌，桌面已放置麻糬粉和不同餡料。我們坐在椅子上開始製作麻糬，做法簡單不過，只要將餡料放入粉內，搓成圓形便成功了。

過程中，這班少年將麻糬掐出古靈精怪的形狀，有些更是醜得不像樣。他們一邊搓麻糬，一邊嬉笑玩樂，一頭一身沾滿白白的麻糬粉，挺開心的！

醜得不像樣的小麻糬

由於盤川所餘無幾，我鼓勵他們賣他們自製的麻糬換取旅費。誰知這班「牙擦蘇」竟然自卑起來：「我們造的麻糬……誰會買？」我見勢頭不對，唯有自告奮勇、厚着面皮走到一位健碩的大叔面前，介紹我們台灣流浪的故事。好心大叔被我的情懇意切感動，説：「老師，你的工作挺有意義呀！我家也有兩個孩子，希望他們也學會自力更生。好，我支持你！」他隨即掏腰包買了四粒麻糬，盛惠新台幣一百大元。

孩子們的眼睛登時發亮，他們勇敢地一個、兩個、三個的……走向路人兜售那「不像樣的麻糬」。

我在遠處靜靜看着他們由怯生生、笨拙拙的樣子，到自然和愉快地和陌生人攀談，心中無比快慰。沒多久，他們連跑帶跳的走我面前説：「徐徐，有人買我們的麻糬呀，這是我們賺來的錢呀！……」一臉稚笑、無比興奮的人仔，急不及待向我講述他們的「業績」。

返港前夕，為了獎勵他們，我們吃了旅程最豐富的一頓晚飯。

席間，我向食肆老闆娘分享流浪之旅的經歷，不多久桌面多了兩道小菜和一大鍋湯。「送給你們，不收錢！」老闆娘豪氣的說。

結賬時，「豪氣老闆娘」只收我們半費，更送我們一大袋龍眼。

「我好敬佩你們兩位老師，教學生真的不簡單啊！……」四、五位夥計笑着點頭和應。

孩子們被感動了！他們真誠地、熱情地、忙不迭地向老闆娘道謝和擁抱，又禮義周周的向夥計們打躬作揖，場面好感人！

「台灣人真好，給我們坐順風車、幫襯我們買麻糬、半賣半送的晚餐……下次來台灣，我一定要爸媽帶我去探老闆娘。」他們嘰嘰喳喳地說。

謝謝天父，讓孩子看見助人的美、慷慨的好、人間的善；但願他們不單向人感謝和感恩，更懂得向天父謝恩。

他們教人驚喜

醫生、大老闆、漫畫家、老中醫，

單看身分就可猜到他們是怎樣？

錯了！他們與你想的不一樣，

他們演繹了生命的豐富，讓你知道生命有驚喜！

小人物檔案

為人不為己，
抵神祝願你！

仁愛情義人為重，
握手神功人震動！

蔡…醫…生…
你…好……勁！

姓名：蔡元雲醫生

專長：愛護每個身邊人

易裝的醫生

他是一位醫生。二十四歲那年，決定放棄高薪厚職，轉行辦雜誌，創刊初期更要幫忙搬運和送貨。當年未信主的父親給氣炸了，無法接受這位長子的解釋 —— 什麼回應上主的召命，用文字影響當代年輕人……

他明白父親千辛萬苦供書教學，將他養育成材，又為他能行醫濟世而心感欣慰和自豪。他令父親無比失望，差點要和他脱離父子關係。直至許多年之後，父親才能明白和肯定他的工作，且在他主講的佈道會上決志歸信基督。

被父親誤解的日子，尤幸他身邊有一位願意同甘共苦，同有天國抱負的賢妻；也結聚一班同被上主呼召、敢於做夢的年輕小伙子。他們滿懷熱忱出版一份專為香港年輕人的雜誌，由雜誌社發展成小機構，而他有一段長日子擔任機構總幹事。

他曾經無數次被人誤解、遭冷嘲熱諷，也試過面對人事困難和財困逆境，但他和妻子憑信心，藉禱告交託神，永不放棄，更不言休，一直勇往直前。

時至今日，這出版社已發展成一間多元化的福音機構，擁有近二百位員工。四十多年，他祝福了一代又一代的年輕人。

神賜他領袖的風範、宣講的恩賜、辦事的魄力、屬天的智慧、為僕的謙卑。但令我欣賞和折服的是他待人無分貴賤高低，且重視人情，仁愛為懷。

他握手的力令我幾乎骨碎

有一天晚上，我到訪他的家。當我與他太太閒話家常時，他回來了，我們仨一起謝禱用膳。他進食的速度快得驚人，不一會就放下碗筷，說：「等會兒我要出席同工家人的喪禮。」妻子愛夫情切，立刻勸道：「你剛回來又要外出？別那麼辛苦，同工這麼多，何況是同工的家人，你能去多少次？留在家中休息吧！」他低頭不語，思量片刻，然後起身離座，取了外衣，對我說：「玉琼，你慢坐！」正開門之際，妻子提高聲調，語帶雙關說：「抵神祝福你！」他停頓了數秒，頭也不回的出門去了。

一位身輕似燕，瘦骨珊珊的伯母向我訴苦：「他握手的力度令我骨都碎。」她說時猶有餘悸。

「我戴在手上的結婚戒指被他握到變了形。」多位已婚人士有同樣經歷。

他就是那麼的重情重義、熱情無限。

是時候要玩一下

不過，這位日理萬機的大忙人也有不為人知的一面……

有一年夏天，我們幾個家庭同登香港的避暑勝地大東山，住在借來的營舍，享受三天悠閒假期。第二天早上，他領我們崇拜，然後請我結束祈禱。我突然心有所感：「天父，他蒙你大大使用，二十多歲就要承擔起重任，一直忠心服侍你、關心青少年人，但少有玩樂嬉戲的機會。求你給他多些休息和玩樂……」當我禱告完畢，張開眼睛，竟看見他眼泛淚光，哽咽無語。也許我的求告觸動了他吧？

下山後，在回程的渡輪上，有三位少年人纏着他一起玩「鋤大 D」。

他一臉為難：「大庭廣眾，給人看見我在船上玩啤牌，好像不太好呢！」他畢竟是位公眾人物呀！

小友們哪肯放過他，不斷游説：「我們用一條大毛巾遮掩你的頭和面，包管沒有人認出你！」虧他們想到這掩人耳目的妙法，結果他遂了孩子的心願，頭蓋毛巾、載着闊邊帽玩「鋤大D」。

不多久，三位少年異口同聲説：「可能他勤力事奉主，天父賜他很多好牌，常常有A在手呢！」我們聽了這番話，又看見他的怪模樣，都笑彎了腰。

他，就是我的恩師：蔡元雲醫生。

歡迎！歡迎！

黑熊非方舟傷羊，
接待準則要商量！

不管大熊或小羊，
只要有傷就補強！

WELCOME

姓名：梁永泰博士

專長：貼心服侍

大雨下的早餐速遞員

幾十年來，梁永泰弟兄在突破機構擔任總幹事，一直默默的、忠心的服侍年輕人。

他大學時畢業於理學院，後來進修媒體及文化，又唸過神學、影視學，拍過電影，寫過書，近年更創辦基督教大學。我等平凡之輩，無法跟得上他博大高深的思維領域，聽他分享有時只能一知半解。也許他也常有不被明白之困惑吧！

他鍾情電影和攝影，有着藝術家對美的觸覺和浪漫情懷，喜歡與人分享他的作品。他敬神愛人，非用高言大志、也沒有大套神學哲理，倒在許多尋常生活的小節上流露與踐行。

體貼的領袖

一年冬天，我們一眾友好到中山三鄉渡假，他住自己的屋子，我和兩位主內姊妹，都是突破機構的同工，住在隔鄰另一間屋。一個天雨綿綿的早上，我們剛起牀梳洗完，就聽到有叩門聲。開門一看，竟見一向儀容整潔、西裝畢挺的永泰，身披黑色大斗篷雨衣、頭戴闊邊簑笠竹帽站在我面前，然後從斗篷內取出一大袋東西塞給我們。

「外面下雨又寒冷，剛買了早餐給你們。我渾身雨水，不便進內；拿着，我要回屋子去。」說完轉身走了。

我們連聲道謝。機構領袖竟然為我們冒雨買早餐，那一幕令我感動至今。

為傷羊擺設筵席

永泰伉儷愛顧方舟之家的傷羊，連續幾年都邀請傷羊到其家中作客。

首次到訪前，我親自到他的府上視察。這是傷羊出外活動前必要的措施 —— 看看復康巴能否到達和停泊、輪椅能否進出、能容納多少輛輪椅……經一輪巡視，問題不大，唯獨他家門前有兩級小階梯，電動輪椅入不了，我將實情告知。

聰穎的永泰自有辦法。我走後，他量度台階尺寸，親自去深水埗的鋼鐵舖，訂製了兩塊鋼板。為了招呼傷羊，他要先掏腰包三千多元，以解決輪椅出入的問題。

為騰出空間，他和兒子協力將家具大遷移，又將廁所內的雜物搬走，方便傷羊如廁。他親自駕車去九龍城街市買新鮮石斑、貴價菜餚作款待，視傷羊如貴賓。

熱愛電影的他，在我們安頓好，就播放一齣精選影片給我們觀賞；夫婦倆則躲在廚房內忙得團團轉，弄得一頭煙。他們家裏沒請傭工，二人也不擅烹飪，但為了接待我們，他們費盡心神。我看在眼裏，存在心中。

影片看罷，永泰適時從廚房走出來，給我們提問和討論，予我們講解與回應。接着，夫妻檔合拍地擺上滿桌佳餚，是特為傷羊而設的無骨食物，讓我們大快朵頤。

欣賞永泰對時間拿捏的精準，足見他辦事效率之高。感激他事事親力親為、盡心竭力、細膩周到的愛心款待。

溫柔的辯士

他待我和傷羊那麼好，但我卻傷了他的心。

話說有一次，他經過我的辦公室，順道進來和我打招呼，閒聊幾句。

然而，當話題提及某人時，我們的看法大不相同，各執一詞，氣氛開始有點「火柴味」，畢章未升到火藥層次。最後，我帶着意氣、不留情面地說：「梁永泰博士，既然意見相左，不用再說了。請回！」

他也激動的回話：「你知道嘛，你叫我梁永泰博士，令我多麼難過和不好受。我是你的弟兄呀！什麼博士呀！」我看得出，也聽得見他十分重視天國的肢體情分，只是我話出了口，傷了他。

兩三天後，我收到永泰給我的信，沒有半句責備和怪罪，只有謙和的解釋和致歉。讀罷，我好生慚愧！我立刻跑到永泰的辦公室，誠心實意為我的無禮妄為道歉，並感謝他對我的寬容。

謝謝天父讓我認識這位泱泱大度的天國有情人。

「以色列啊，
你要聽！…」
（申命記6：4）

鄰國攻擊是懲罰，
被逼行動贖罪日！

戰爭生死是天意，
親情教條分等次！

姓名：YatzuckAzaz

專長：戲劇教導

戲劇導遊家國難

2015 年 3 月初，我參加了「夏達華研道中心」(註 1) 的十八日以色列遊學之旅。

這是我第三次到訪以色列了。1989 年，我第一次踏足聖地，無比興奮，感覺震撼；第二次旅程，跟了一位不負責任、只會吹噓的領隊，惹來一肚子氣，那是 2004 年。

今次的領隊是 Peter，他是我欣賞和敬重的《聖經》學者，我對他十萬個放心。他和妻子曾到以色列求學深造，且在以色列生活多年，熟悉猶太文化和民生。

因着《聖經》絕大部分是寫給猶太人的，Peter 就以猶太人的角度講解，這是非一般的釋經。聽道以後，每每有新的亮光。我曾多次邀請他到方舟講道，主領讀經日。他的講授別樹一幟，令聽道者對《聖經》有恍然大悟的驚喜。

Peter 此行身兼三職，既是領隊，又是講師，也是他的老師兼隨團首席講師 Dr. Wink Thompson 的即時翻譯員。

Dr. Wink（我們都喚他的名字）學識淵博，每到一處都就地講授相關的歷史和人物。他的見解精闢獨到、剔透玲瓏，能夠親臨《聖經》中的場景實地學習，倍感立體和真實。隨着認識增加，我更加愛慕神的話，更加渴想認識神，深感天父以厚恩待我！

隨團還有一位當地導遊 YatzuckAzaz。時至今日，絕大部分猶太人都是信奉猶太教，不相信耶穌是死而復活的神，他是少數信耶穌的。

YatzuckAzaz 全程照料我們起居飲食和交通安排，也是一位話劇發燒友。每當 Dr. Wink 講到某段《聖經》歷史時，YatzuckAzaz 就會悄悄穿上一身戲服，翩然出場，或是扮演了顯赫尊榮的大衛王，或是兇殘暴戾的大希律……他七情上面、渾身是戲，帶給我們一次又一次意外驚喜，贏得團友們熱烈的掌聲。

Dr. Wink 負責講授《聖經》和聖地知識、Peter 流暢和精準的傳譯，再加上 YatzuckAzaz 專業傳神的角色演繹，三位配合得天衣無縫，團友都聽得動容，感到深被祝福。

父親竟然犯禁來見我

途中，YatzuckAzaz 分享了他和父親的一段父子情、敵國壓境的家國難……

「我父親是傳統的猶太教徒，一生嚴守律例、典章和教條。

「六歲那年，我們一家正預備去會堂守安息日，母親發現我襯衫上的一顆鈕扣掉了，於是悄悄拉我回房內縫補，卻被父親發現了。一向溫文爾雅，愛妻疼兒的父親怒不可遏，痛罵母親一頓，指責她不應觸犯安息日(註 2)的規條。

「我十八歲那年，曾參與六日戰爭(註 3)。沒料到六年後，我國犯了驕傲的罪，結果被鄰國入侵和欺凌。我要再次上戰場，那日正是猶太人的贖罪日(註 4)。

「你們知道嘛，贖罪日是猶太人每年最神聖的日子，當天什麼都不可作，要全日禁食和恆常祈禱，就連我們中間的外僑也必須禁食，不准工作……這些條例必須世世代代遵守的。

「敵人就是趁這日來攻擊我國，他們以為我們不會還擊，但為了保家衛國，我國決定迎敵。

「當我正準備去軍營報到時，父親騎着腳踏車而至，他上前和我相擁泣別，說：『我不知道今次戰爭你能否平安回來，所以特意來見你……』」話至此，YatzuckAzaz 哽咽不語。

YatzuckAzaz 的父親為見愛兒一面，甘冒觸犯教條之罪，這不就是天父大愛的展呈嗎？

多位團友一邊聆聽，一邊淌淚，當中有我，就是在此行深被導遊的父子情所感動的我。

註 1：夏達華研道中心是一個《聖經》教導的平台，幫助信徒和傳道人明白《聖經》的猶太文化、語言、地理及考古的研究。

註 2：上帝以六日創造。規條訂明，當天不可做工，走路只可走一段距離等。歷代以來，猶太人的敵人也會趁安息日向猶太人攻擊或發動戰事。

註 3：六日戰爭：發生於1973年10月6日至26日。埃及與敘利亞分別攻擊以色列。

註 4：贖罪日：源起於《聖經》，〈利未記〉16 章 29 至 34 節有詳列。該日是猶太人神聖的日子，會以禁食、不工作、祈禱等，省察過去一年的罪過。

服務基層見真章，
貧困苦難心也傷，
神聽祈禱臭變香，
關愛給人開扇窗！

姓名：奇異果夫婦

專長：行俠仗義

鐵皮屋業主

認識一對同道好友夫婦超過二十年。他們邀請我為他們的二十五周年銀婚晚宴擔任司儀。

丈夫是傳道人，數年前退休後，獨個兒往國內的小村小鎮傳福音，領了多人信主；妻子仍是跑在前線事奉的女牧師，他倆領受神感召服侍基層。他是妻子口中的好夫婿，更是天國的奇兵猛將，為主結果纍纍。

奇異果夫妻，這是我給他們的稱號。

在他們二十五周年銀婚晚宴，有六位來自國內的二十來歲年輕女孩，她們是奇異夫在國內栽培的女傳道、神學生，特地從國內趕來為這位屬靈老爹祝福，並獻詩歌頌神。奇異夫笑得合不攏嘴的逐一介紹他的屬靈女兒給來賓認識，流露出少見的自豪感。席間，妻舅說：「我的妹妹和妹夫，他們的服侍實而不華……」一語中的。

作為晚宴司儀的我，感動得淚盈於睫。

奇異果夫妻的怪朋友

奇異夫做過警察、西廚和海員。他似農夫伯伯多於傳道人，皮膚黝黑、頭髮稀疏、奇貌不揚、羞怯寡言。神學畢業後，他在自己的農地上搭建幾間鐵皮屋，收容無家可歸的露宿者。酗酒的、精神病的、智障的……高峰期有十多人入住其內。

奇異果夫妻和他們一同生活，提供住宿和飯餐外，更教導他們如何生活、幫助他們自力更生，夫婦倆身體力行，效法傳揚愛孤苦者和貧窮人的耶穌。

我曾多次到其家中作客及留宿，並和這羣朋友同桌食飯，充滿溫情，十分精彩！

奇異夫告訴我：有一天回家，赫然發現養在魚缸的魚全都死翹翹的癱在門口，登時大吃一驚，立刻入屋問過究竟。結果，一位三十多歲的智障男自動投案説：「天氣咁凍（時值寒冬），我怕魚仔喺水冷親，咪將佢地撈上來曬太陽囉……」他的好心好意，令奇異夫欲哭無淚、欲罵無從。為照顧這些被社會見棄的人，奇異夫經歷了太多這一類離奇古怪和傷感悽苦的事，我每次聆聽都對他敬佩有加。

至於奇異妻，早在二十多年前，神已經感動和呼召她去服侍貧窮人。

她的教會專牧養和關顧在深水埗、油麻地和大角嘴一帶的貧苦大眾。奇異妻走遍街頭巷尾，接觸和關懷露宿者、流浪漢、新移民、籠屋住戶……向他們傳福音。

一次主日崇拜後，她在茶樓用膳期間，突然殺出一位怒氣沖沖、殺氣騰騰的彪形大漢，向她狂爆粗口，喊打喊殺。這惡男原來是住籠屋的「爛賭二」，因向奇異妻借錢不遂，心有不甘發窮惡，幸而有人及時制止，否則弱質纖纖的她後果堪虞。然而，這沒有讓奇異妻退縮，反是繼續服侍這族羣。

鼻塞的祝福

有一趟，我跟奇異妻去探訪籠屋住客，隨她走過長長狹窄暗黑的樓梯。即使光天白日，屋內卻是昏昏黃黃，空氣渾濁。侷促的走廊一邊是垂着殘破門簾的板間房，另一邊排列着幾張三呎闊、上中下三格的碌架籠牀，用鐵絲網圍着，內裏堆滿雜物。牀上有坐着或臥着、赤裸上身、穿着「孖煙囪」的老、中年男士。我有點尷尬和不自在，目不斜視的跟着她走。

面對這羣赤膊大叔，這位女牧師居然可以揮灑自如，和他們談笑風生，偶爾還教訓和勸諫他們別再喝酒抽菸，注意健康，又為他們祈禱。難得叔伯們對她無比敬重。我看在眼裏，真的五體投地。

自此，我尊稱她為「榕樹頭皇后」。

話説有一次她去探望一位住籠屋的酗酒男士，醉醺醺的他身上傳來陣陣酒氣加臭氣，牀上更有一灘嘔吐物，惡臭薰天，她差點要奔往廁所吐。神感動她要為這「酒鬼」清理牀上穢物，她如此求：「慈悲的天父，請你行神蹟，使我聞到的味道由臭變香。」神果真聽祈禱，她嗅到的是香不是臭。神真厲害！

小心呀！
神醫！

鬧市舊樓一神醫，
奇人妙事有意思，
山野草藥乜都知，
遺憾無人想學師！

姓名：神醫

專長：順應自然、藥到病除

藥草堆中藏神醫

十多年前的 3 月，我的皮膚突然痕癢，由頸至腳，不停地搔搔抓抓，晚上尤其嚴重，徹夜難眠。

有人說我身體不好，有人分析是工作壓力，有人說……看過幾位中西醫，吃過他們開的藥、塗過藥膏、試過多種民間土方古法，奈何苦無良方止我癢。如此長達三個多月。苦呀，痕到人都癲！

於是，有姊妹介紹我去見一位姓黃的山草藥醫師。

他的醫館座落在土瓜灣舊區一幢舊唐樓的地舖，狹隘、幽暗、骯髒。由地面到屋頂，四處都放置貌似殘葉枯枝的山草藥，亂七八糟，嗅到陣陣難聞、怪怪的霉澀味，令我有點卻步。凝視期間還有蟑螂從藥櫃格飛出來，把我嚇得半死！

七十多歲的黃醫師身穿白色汗衫和一條舊式西褲，腳踏一對平價拖鞋，「牛記笠記」的街坊裝 ，極像繪本《麥兜》中春田花花幼稚園的校長黎根。他全神貫注、慢條斯理地，用報紙包着看似垃圾的大堆山草藥給求診的人。

輪到我時，經他望聞問切，最後執了三大包山草藥給我，並教我如何煲這草藥沖身。在別無他法下，我唯有半信半疑的遵他指示試試。

兩個星期後，果然藥到癢除，解決了折騰我三個多月的痕癢之苦。

鬧市中的奇醫

我的痕癢經他醫好，知道他有真功夫，對他有信心，就不時去見他，請他為我把把脈，診診症。他説我體內有很多毒素，開了內服的山草藥給我排毒，同樣見效。神奇！

原來這位草藥醫師頗有知名度的。一份本地暢銷報章曾在副刊介紹過他，標題大概是「鬧市中的隱世奇醫」。除了街坊鄰里求診，慕名而至的求診者也不少，幸好他為人老實，診金藥費相宜。

這位遺世獨立、不苟言笑的醫師，初時我真有點怕他，但和他相熟後，發現他其實是位蠻可愛的老人家。他對着我大吹大擂的講説威水史，説自己曾治好無數奇難雜症。有時興之所至會在我面前耍幾套拳、踢幾下腿，「也文也武」一番。我當然識趣的「拍爛」手掌，也真心的多謝他，畢竟是我的恩醫嘛！

有一次，我告訴他家父剛去世之事，他好像沒有聽進去，更沒半句回話。我以為他忌諱，就不多說了。當我發覺他找贖的診金中少收二十元，就誠實地把錢交回給他。誰知他說：「你以為我老了計錯數咩，這二十元是我給你喪父的帛金！傻女！」我有一刻衝動想擁抱他。

是草藥不濟呀！

又有一次，我和他閒來聊天。

「山草藥伯伯（我是這樣稱呼他的），你的醫術如此精湛高明，有授徒嗎？」

「無！」他說話的語氣總是很「倔」的。

「那豈不是後繼無人？你的醫術就會失傳嘍！」

「唉……你有所不知了。非我不想教，乃是無人肯學。山草藥種類繁多，成千上萬計，現今的年輕人有誰肯學肯記？我們中國現在富起來，處處大興土木，山林日少，上山採藥的人愈來愈少了……你知嘛，所有植物大都對人有裨益的，我只認識皮毛而矣（他少有地謙遜）。藥要野生才有療效，現在大多是人工養殖，藥力不大。有人說我醫不好他。呸，其實是草藥無效力之嘛！」他的火氣一發作，我乖乖敬聽不語。

《聖經》説：「神看着一切所造的都甚好。」（〈創世記〉1：31）神創造的奧妙精奇，人類所知有限，不識其用，不懂其好，且無知地肆意破壞、砍伐、摧殘……

罪過！罪過！

小人物檔案

聖俗同體何奇哉，
失衡失手就悲哀！

聖俗媒體不放過，
畫人罵人也會錯！

JERUSALEM

2017特首選戰

姓名：插畫師 Simon

專長：畫人維肖維妙、罵人例不虛發

他握着一枝熱的筆桿

我和 Simon 的情誼超過三十五年，他是我朋友中的一位奇人。

當我唸神學的第一年，學院老師指派我到一間潮州人教會實習，我被安排到職青團契做導師。Simon 是當時的團長，和他接觸多了，發現我倆都是性情中人，因此十分投契，彼此稱姐道弟至今。沒料到二十多年後，我們竟然在同一個地方共事，神的安排真是出人意表。

Simon 是一間福音機構的設計師，他的畫作和插圖深受讀者歡迎。敬業樂業、忠心不二的他，在機構工作了三十四年直到退休。他曾自豪的告訴我：「很感恩天父給我一份好喜歡，也很享受的工作。」他真是一位幸運兒！

鬼馬漫畫家

Simon 是位漫畫家，擅長以漫畫，繪畫出活潑生動、形態神肖的人像和動物。家人、好友、同事的生日、結婚、畢業、升職、周年紀念……必收到 Simon 親手繪製，饒有心意和極具創意的賀卡。

這位「仁弟」觀人於微，最能捕捉受禮人的性情和特徵，繪畫出來的卡通人像維肖維妙。偶爾隨卡附送他最擅長的打油詩，內容全是按對方的性情、喜好而作，既惹笑又溫馨。受禮者無不窩心又暖心，真的會笑納。

我就是其中一位受禮人和受惠者。這三十多年，他曾為我設計名片，為我的講道繪畫插圖，也在我退休飯局中擔任司儀……我有求於他的，他永無「托手踭」，必會「拔筆相助」和「出口幫人」。

挺愛熱鬧和熱衷工作的他，一旦下崗不易適應，幸而漸入佳境，開拓另一片天空。現在他樂享逍遙，愛踏着單車馳騁於郊野和海濱，在大自然中與神獨處。此外，他默然和低調的在香港繼續授徒，貢獻所長。學生由稚子到師奶，均對他敬愛有加。近年，他經常到國內的工廠區，義務教民工的孩子畫畫，樂在其中。

聖俗同體

Simon 集多重身分於一身。他是重視家庭的慈父賢夫，也是家中兩頭小貓咪的好朋友。愛貓之情溢於近年的畫作中，小貓咪為他的畫筆添醮貓之色彩，令他生活充滿貓之生趣。他是同輩和友儕的歡樂先生。有他在就絕無冷場，笑聲不絕，雖然偶爾會講些粗言俗語的逗笑話，但總會適可而止。所以，他常自嘲是「俗精」。

他重情重義，心懷悲憫；當看見人間疾苦，就會掉下男兒淚；他更是一位「潮州怒漢」(他真是潮州人)。對社會、時事、政局十分關注的他，每次講及社會不公、不仁、不義的事，就如革命烈士般連珠爆發（當中夾雜些粗言髒話）地慷慨陳詞。在面書上，他毫不留情、義憤填膺的以文字撻伐不公之事；甚至多次走到街上遊行示威、吶喊、爆粗。幸而我仍未需要去監房探望這位「熱血男兒」。

他的熱血還「灑」在學道上。他是「《聖經》的踐行者」。多年來鍥而不捨、持之以恆，貼身追隨崇敬的老師學道，自己也帶領幾個查經小組，對《聖經》的熱愛比火更盛，故他自封為「聖人」(愛慕《聖經》的人)。反觀芸芸眾生，我們何嘗不是多面體的奇人、怪人；既善良，亦邪惡；既光明，亦幽暗；一時悲天憫人、溫情滿瀉；一時面目猙獰、剛烈狂妄……

我認識的 Simon，敬神愛人、活出真我、敢愛敢恨，不屑趨炎附勢，沒有虛偽矯情；和他交往可以十萬個放心、安心、交心。

「聖人」也好，「俗精」也好，我慶幸有這位「聖俗同體」的好友。

內心美麗外表差，
男勤女儉好成家！

外觀俊美如幻夢，
尋找配偶要襟用！

姓名：司機先生

專長：深諳夫婦相處之道

的士司機主持婚姻講座

有一天晚上，我和友人夫婦同乘計程車由香港島返沙田。

司機大佬是位健碩的中年漢子，十分健談且口才了得，車途中滔滔不絕講東講西，由當日新聞時事到國際大事，他都有一番見地，儼如一位時事評論員。

我們仨相視而笑，樂於聽他的高談闊論。

到了沙田第一城附近，他突然將車慢駛，轉了話題：「三位不好意思，我老婆在前面的停車處送湯給我，要阻阻大家一點時間，好快！」他十分有禮貌。

「不急趕，沒相干。」我們回應。

不一會，一位女士迎面而來，正是司機大佬的妻子。他打開車門，快速地拿走妻子手中的一個小暖壺，隨即揮揮手繼續開車。

他再度開腔時，語調變得溫柔無限：「我個老婆好好，做得又捱得！她好錫我同仔女，娶到佢真係好有福氣，佢唔嫌我窮，我又唔介意佢唔靚。靚有咩用呀！兩公婆最緊要係同甘共苦吖嘛！所謂男勤女儉好成家……」司機大佬愈説愈興奮，對妻子讚不絕口，又讚自己好眼光云云。幸福滿瀉。

男勤女儉好成家

我被「男勤女儉好成家」這句話懾住，一來我從未聽過，二來覺得很有道理。所以，其他的話我沒有再聽進去了。

這位開朗豪邁，能言善道的司機大佬，言簡意賅道出婚姻的真義。

戀愛固然甜蜜、浪漫、溫馨，但結婚後，就要過着腳踏實地柴米油鹽的婚姻生活。司機大佬隨意、隨心的七個字，鏗鏘有力、字字珠璣。我認為勝過許多婚姻和家庭專家的長篇偉論。

不論網絡抑或傳媒，都可以聽到現代人的擇偶條件—— 男的着眼點是女的是否樣貌靚、身材正。誰會重視她的人品和內在美，誰敢想望她為他肯做肯捱、誰先考量她是否懂得持家理務、孝敬翁姑。女的總希望男的最好具備「三高三有」—— 身形高、學歷高、收入高；有名、有利、有權。誰會看重他的品格是否良善、忠誠、謙遜，誰會重視他是否專一和顧家。

假若耶穌活在現今的香港，肯定不獲女生垂青。祂是木匠的兒子，拿撒勒小城鎮裏的「鄉下仔」，非英俊型男、非家財萬貫……況且祂毫不耀眼，更不出眾。《聖經》這樣描述：「祂的面貌比別人憔悴，祂的形容比世人枯槁……祂無佳形美容……」（〈以賽亞書〉52：14，53：2）

耐用至要緊

好友的兒子和我同月同日生。他十二歲那年，我被邀請到其家中一同慶生。

閒談中，我逗這少年人說：「猶太人十二歲就當成年人，你大個仔啦，有想過將來會找一個怎樣的妻子呢？」小伙子想也不想就答：「最緊要『襟』用！」簡而精，但一屋人都不明白他所言。

「我希望將來的太太好似媽媽一樣咁捱得，就算病了仍然可以照顧我，就好似家裏的洗衣機，用了很多年都唔會壞，咁就係『禁』(註) 用囉！」他一臉認真、老成持重的答道。

我們大笑起來。

但想深一層……嗯……自有一番道理。

註：粵音第一聲，意指耐用。

姓名：拾荒婦

專長：熱心待人、愛護家人

拾荒婦的紅封包

有段日子，我住在烏溪沙村，發覺每日都有五、六位婦女在村內的垃圾站拾荒，有年邁的婆婆，也有中年婦女。早午晚不同時段，有不同的人在村內推着木頭車，又或拖着紅白藍膠袋來「尋寶」。

一條小小的村落內，竟然有幾位拾荒婦。偶爾碰見她們，總會和她們打個招呼或閒聊幾句，知道她們是對面屋邨的新移民和貧窮戶。她們找不到工作，仍想自力更新，唯有靠執紙皮和一些爛銅爛鐵去賣，十元八塊都是錢呀！我十分敬重這羣刻苦耐勞的婦女，也感歎香港社會貧富懸殊。走在街上，不難看見多了公公婆婆從垃圾桶內撿拾水樽和汽水罐，總教人悵然傷感。

沉重的紅包

去年新春，我在村口迎面遇見一位推着木頭車、年約五十的拾荒婦。她一頭乾枯凌亂的長髮，一身單薄殘舊的衣衫，一張木然清癯的臉容，看來有點寒傖。

我主動拱手向她祝賀說：「阿姐，新年快樂！身體健康！」

她對我的祝賀，顯得有點突然，忙向我回一個微笑：「恭喜發財！阿姐，祝你青春美麗！」她一邊說，一邊從腰包取出一個紅封包給我。

沒料到她有此一着，我連忙婉拒：「心領了！你看我都一把年紀了，不用給我紅封包啦！」但她堅持將紅封包塞到我手上。

「新春好意頭嘛！不要推搪，接福接福呀！」我唯有接受：「多謝！怎樣稱呼你？」

「叫我阿花啦！」她揮手和我說再見，推着木頭車往村裏去。

我呆呆的目送她的背影漸遠，將紅封包放入手袋內，匆匆趕往車站去。晚上返抵家，打開阿花送我的紅封包，裏面放着一張簇新的二十元紙幣。

這二十元，究竟阿花需要用多少時間和勞力去撿破爛？需要賣多少紙皮爛鐵才能收到的工錢？這二十元可以買到一尾小魚？半斤豬肉？一兩斤青菜？想着想着，我的心有點揪痛。

這紅封包令我心情沉重。

這位貧困的拾荒婦，本該期待有人援助，渴望有人關懷，希望圖些利益才合理。現在她竟然向一位陌生女子慷慨地送上紅封包，究竟她是一位怎樣的人呢？這促使我想多去認識她。

往後，我經常在村內遇見阿花，總會與她攀談幾句。寒暄過後，她勤快和專業地東張西望，尋找她的「獵物」。

她從不向我索取什麼，也沒有向我吐過半句苦水，更沒有對我花言巧語。我心底欣賞這位有骨氣、不求人的女子，對她生出一份好感和敬意。若我能力所及，好想幫她一把。後來，我取得她的電話，當有不需用或用不着的東西，我會儲起一袋，致電給她到我家中挪走。有一趟請她挪走殘舊的電冰箱，她召來丈夫幫手。這才慢慢了解她的背景，原來她有丈夫和子女。為了照顧家人，又不想工作困身，便拾破爛來幫補家計。

阿花讓我憶念父母曾有一兩年做過夜間的清潔工，每晚深夜才歸家。我們幾姊弟妹不以為恥，那段日子家人的關係反而最和諧溫馨。

一個紅封包帶給我沉重反思，也體會人與人之間，可以活出真摯的鄰里之情、偶遇之誼、施與受的祝福。

聖經真理好寶貴，
認識上主更敬畏！

耶穌教我愛仇敵，
放你一馬慳氣力！

姓名：伍太

專長：以美食安慰人

名廚媽媽

我的母親一向重男輕女，加上性格剛烈，長期情緒抑鬱，老來病痛糾纏。説實話，作為長女的我，從小就是母親的幫手 —— 料理家務、照顧弟妹，可是被母親愛錫的記憶真的寥寥無幾。

直至我長大成人，母親開始懂得關心和愛錫我，奈何已不是童年時所渴求的那種感覺。因此，心靈總有點點不滿足和絲絲的遺憾。

直到伍太出現……

伍太是我的會友。她不曾正式入學，靠自學達到小學三、四年級水平，但論智慧才幹，她遠勝許多飽學之士。聽她一席話，勝讀十年書。她常有妙句、精句和絕句（可惜那時我沒着意記下來），有時令我笑彎腰。

幾十年前，伍先生長期在英國工作，伍太為了一家團聚，毅然携同子女，隻身勇敢踏上異邦。可以想像，不懂英語，也不會駕車的她，要面對多少艱難、流過多少眼淚。

幸而，伍太性格積極樂觀，和丈夫克勤克儉、努力苦幹，胼手胝足養大兩子三女。持家有道的她，生活漸有起色，在英國先後開了四間中國餐館，其中一間更常有名流政要、達官貴人慕名光顧。

伍太走出貧困，家道豐裕，但不忘人間苦，經常接待和賙濟香港來的窮學生、提供他們食住之需。昔日曾受她恩惠的人，農曆新年必向她拜年請安 —— 身體健壯、子女孝順、兒孫滿堂，我想是神賜福予她。

夫婦到了退休之年，就將四間餐館交付子女接管。1991 年返港定居，安享晚年。在鄰居邀請下，他們來了我所事奉的宣道會沙角堂聚會。

伍太的心靈是一片渴求福音的好土，不多久就信了耶穌和洗禮。她視教會如家，親愛弟兄姊妹。雖然年紀一把、識字不多，但她愛慕真理、勤讀《聖經》。有一年夏天，我隨她到英國探望子女兒孫。一個晨光熹微的早上，我睡眼惺忪上廁所時，經過偏廳，看見她坐在昏黃的燈光下，架着老花鏡，敬虔的、安靜的讀《聖經》。那一幕好美，深深觸動了我。

我給你熬了湯

伍太常向我大談她的奮鬥史，又會和我傾講心事。她不單信任我，更愛我如親女兒。無論平常日子，又或過時過節，我經常和這個四代同堂的家族共晉晚膳。

伍太是位傳統的客家婦女，廚藝了得，端午裹糉、新年蒸糕、客家茶粿……樣樣皆好味；就算簡單如蒸魚、炒菜，她都拿捏得恰到好處，成為人間美味。我每次除了捧着滿滿的肚腹歸家，還要携着她「迫」我帶走的一大袋食物。

她十分着緊我的起居飲食。「玉琼，掛住你吖！忙還忙呀，記緊要煮飯食。你幾時來食飯呀？等我煲個靚湯你飲啦。」這是她每次致電給我的窩心開場白。

我六十歲生日的晚上，她請來宣道會沙角堂的幾位姊妹，在她林村的家中為我慶生。

八十二歲高齡的她，親自下廚煮了我愛吃的菜餚，讓我們享受一頓豐美的晚餐。飯後，她從冰箱拿出一個名貴精緻的生日蛋糕，送上一張有方舟圖畫的立體生日卡，還要送我一個熱情的擁抱，在我面頰上連環親吻。

她的愛融化了我，眼淚串串下……多謝天父讓我老來仍有伍太如母親般的愛寵。

我立志要學效伍太，做一位另類的母親，愛顧身邊有需要的人。

我常祈求天父報答善待我的人，伍太肯定有份兒。

小人物檔案

姓名：阿豪

專長：編織暖心禮物

編織男

有一年，我參加了一個十八日的以色列遊學之旅。

回港的機艙內，許多乘客都躲進夢鄉。坐在我後一排的一位年輕小伙子，在座位上安靜熟練地用一對粗織針埋頭編織。不多久就引來附近乘客的注意，陸續有人圍着這位「編織男」搭訕。他一邊熱誠回應，一邊織織復織織。

在狹窄機位上睡得東歪西倒的我，被他們談話的聲浪吵醒了。回頭看看，才知道以上事情。我雖身為女性，對編織絕無天分，也毫無興趣。不一會，又悠悠尋夢去。

編織男叫阿豪，是以色列遊學團的團友，也是一名孝順仔。

他告訴我說：「我第一次去買毛線和織針時，老闆娘見我是男生，又知道我想學織頸巾給父母，好生感動，就教我編織基本功。我完成兩條頸巾，送給父母，看見他們多開心，自此我就愛上編織了。」

最暖的頸巾

在以色列特拉維夫的一個清晨，我獨個兒在酒店附近的海灘散步，周遭人煙渺渺，我的心境悠悠。諦聽浪濤泊岸，靜觀天海蒼茫，俯拾美麗小石。身心裏外皆安寧舒泰，讓我暫忘香港的紛亂喧囂。

當下，看見阿豪迎面而來，我只知他是同團的年輕團友。我主動向他揮揮手説：「早晨！可否幫我拍個照？」他笑盈盈的説好。

我們的情誼是如此開始的。

加利利海畔，夕陽瑰麗，彩霞漫天，我和阿豪並坐欣賞這醉人美景。他知我是牧師，就向我推心置腹，坦誠訴説剛失業和失戀的惆悵與落寞。很感激這位三十剛出頭的大男孩對我的信任，我為他祈禱、安慰和鼓勵。

我們談話至天向晚，雲霞淡。

以後十多天的行旅中，阿豪體貼我這個花甲老婦，敬我如母、愛我如姊。每次要轉換住宿旅店，他一定為我提運行李。一有自由時間，他就帶着我穿街過巷、按着旅遊指南尋覓新的觀光點。當看見風光好，他立刻叫喚：「徐徐，這裏好美呀！快來！為你拍照。」阿豪是這趟行程的天使，為我添加不少樂趣和歡愉！

回港一個多月後，我應邀出席《時代論壇》的開放日，並擔任座談嘉賓。乘地利之便，順道約了阿豪在旺角見面和午膳。

我們在嘈雜擠迫的茶餐廳內用膳，互道近況。他從背包拿出一個環保袋，再從袋內取出一條灰紫色的頸巾，說：「徐徐，這就是我在飛機上編織的那條頸巾。其實是預備送給你的，但我織得慢。莫嫌我織不好……」

嘩！不得了！好感動！霎時間我不懂回應，不理會當日熱如初夏，也不介意周遭食客的奇異眼光。

心暖，淚熱。

「謝謝你！我真的沒有想過會有男士為我親手編織頸巾呀！」他看見我如斯激動的樣子，就說：「小小心意！你喜歡的話，我遲些再織一條給你。」

沒想到與阿豪只是萍水相逢，竟然繫結出一段真摯的主內親情。怎不感恩呢！天父真好！

祈願天父報答這位可愛溫情的編織男，為他編織光明、蒙福的人生。

人生少喜樂，紅顏多命薄！
抑鬱又寂寞，人生好墮落！

先有抑鬱再患癌，
死亡幽谷真艱難，
……

仰賴主恩夠強頑，
再生鳳凰展歡顏，
……

姓名：Elsa

專長：以佳餚給人快樂

疾病是她的調味料

當知悉 Elsa 原來是 12 月 25 日聖誕節生日，我邀請她生日那天到我家中作客，她欣然應約。

我為她煮了一頓簡單的燭光晚餐，並送上生日禮物。

燈光下、燭影中，Elsa 披着一頭烏黑亮澤的長長曲髮，一對水靈靈、會說話的大眼睛，配上淡妝輕抹的娟秀容顏，格外明艷照人。

Elsa 是位性格樂觀的愛笑姑娘，又是廚藝了得的高手。任何食材到她手上，都能變成美食。每當在外邊吃到美食，她就會自行鑽研煮法，嘗試炮製，也能運用幾種食材，預備幾十人份量的飯餐。又試過有人請她即場展露廚藝，她只把一些打邊爐後的剩餘物資，弄出一味叫人食指大動的菜式。

有誰想過這位口才了得、入得廚房、出得廳堂，美貌與智慧並重的她，是位曾經六年服食抗抑鬱藥的情緒病患者……

從死亡的幽谷回來

2002 年，Elsa 出現莫名的驚恐和幻覺。試過在公車上懷疑有人要害她，於是急急下車逃跑。惶惶不可終日的她，在牧者的鼓勵下去見醫生，證實患上敏感性抑鬱症。

因藥物影響，她變得呆滯和了無生趣，總愛在牀上躺，無法上班，經常請假。家人不能諒解，怪責她慵懶，令她身心俱苦。

2005 年端午節傍晚，她的情緒跌至谷底，浮現輕生之念。她寫下遺書，告知家人不知如何再面對前面的日子，並囑咐家人不要以基督教儀式為她殯葬，因她覺得自殺是虧損上帝的名，可是當時家人不以為然。

她一口氣吞下幾百粒抗抑鬱藥，也把治感冒的大瓶咳藥水一飲而盡，沉然昏厥在家中的上格牀上，不省人事。家人以為 Elsa 又在睡懶覺，沒有理會。到了半夜，剛巧有家人未睡，見她突然從牀上閉目呆坐，不斷叫喚她也毫無反應，心感不妙，立刻報警求助。

結果，她在醫院的深切治療部住了兩天，再在普通病房留院三星期。醒來後，她像斷片般無法記起發生什麼事，以上事情全由家人告知。

Elsa 雖然信主多年，但面對這病的折磨，難免對上帝發出疑問和埋怨。直至在住院期間，信耶穌的父親給她一本《聖經》，在沒有指望的心情下她讀到：「我從前風聞有你，現在親眼看見你。」（〈約伯記〉42：5）她頓時靈魂甦醒，明白所信的基督是又真又活的神！

她向神感恩和立志：我要勇敢活下去，學習和抑鬱共舞。

憑着信，她得着全然的醫治，在 2008 年終於走出抑鬱的苦境。沒料到一年後，她又迎來另一趟死亡之旅，證實患了乳癌。

「天父，你何竟如此看得起我？」她向神問道。

天父藉着《聖經》的話安慰她：「人生在世必遇患難，如同火星飛騰。」（〈約伯記〉5：7）「誰能使我們與基督的愛隔絕呢？難道是患難嗎？是困苦嗎？」（〈羅馬書〉8：35）Elsa 又一次被神的話語提醒和安慰，信心更加篤定了。

手術後，她接受兩個月化療。在那段時間，擔任青年人導師的她，竟能帶領年輕人玩野外定向。「我沐浴前會把假髮除下來，年輕人給嚇呆了。我笑着安撫他們說：『別怕！我只是癌症化療掉髮而已，沒什麼大不了！』」豁達從容的 Elsa，與癌共舞。

她常將化療期間拍下治療過程脫髮的照片給身邊朋友分享，見證主恩典，也為不少病友帶來安慰和支持。

五年漫漫長，Elsa 又一次走過死蔭的幽谷。經歷兩次被上帝救回生命，她對神充滿敬畏之心、對家人充滿感激之情。身為烹飪高手的她，忍耐着病癒後傷口未完全康復的痛楚，為家人煮了一頓八餸一湯的豐富年夜飯，以報親恩。

想起《聖經》舊約中的一位人物：約伯，他雖歷盡痛失家人和自身的諸般痛苦，最終仍敬畏上帝。所以我給 Elsa 一個尊貴的封號：與病共舞的現代女約伯。這位嚐透身心病苦、熬過烈焰熔爐的女子，如再生的「火鳳凰」，散發出美麗和喜樂的光華、流溢着剛勇與豪情的神采，並繼續運用她的廚藝，煮出一道一道美食，招待失意的青年人、辛勞的朋友，以美食給人喜樂。

初返教會識女仔，高大威猛又好睇，
羞怯口窒怕醜仔，得主愛顧無蝕底！

童年敏感又孱弱，
運動健身少吃藥！

姓名：阿卓

專長：武術高手、健身教練

羸弱小子蛻變武林高手

身高六呎、身形健碩，名字溫文爾雅的卓文學（同事喜歡喚他「阿卓」），是位品性良善、沒有機心的青年人，但誰會想到，他是一位武林高手？

自2012年開始，他在各項武術公開賽中成績斐然，共取得二十二金、八銀、二銅；也曾連續兩屆在「香港公開武術錦標賽」取得兩冠一亞佳績。

平日的他是倉務助理，負責編制車務表，幫助執拾貨倉，處理出貨事宜。不過，在這份工作以外，他更是一位教練。早在中學畢業後，他報讀體育和運動課程，取得健身教練牌照。

高手是這樣煉成的

不過，又有誰會看出阿卓出生時，只是個不足月的早產嬰？卓媽媽在懷孕八個月時，妊娠令她的血壓飆升至危險點，醫生要提早為她催生，因此阿卓出生後體質羸弱，有氣管敏感，經常咳嗽。直到十歲左右，他跟村中童伴去學游泳，身體才漸漸強壯起來，昔日的「孱仔卓」長大後，身高更成為家族之首。阿卓的祖居在大埔一條小小客家村，父親在他唸小學時已離世；幸有母親和兄姊愛顧。

小時候已經迷上功夫片的阿卓，常常問自己：為什麼功夫片內沒有我的份兒？因為情迷中國武術，他開始尋師學武。

武術界翹楚陳少傑師傅慧眼識阿卓，收他為徒。在師傅嚴格訓練和指導下，阿卓練出一身好武功：刀、櫻槍、南拳，樣樣皆精。正所謂「名師出高徒」，師傅派他參加武術比賽，阿卓也不負所托，屢獲殊榮。

獲獎無數的阿卓，在2016年一次大型比賽中，因櫻槍甩手鎩羽而回，對他打擊頗大。幸而，這次意外沒有影響他的鬥志，發奮圖強，在比賽場中繼續掄元奪標。

我見證阿卓的成功非僥倖，他是相當勤奮自律的習武者。我和他在同一機構上班，每當午膳時間，透過機構飯堂的落地玻璃，經常看見阿卓穿着彩色仿真絲功夫服，腰間繫上緞帶，那是他比賽時指定穿着的武衣，在人造草坪上習武練功，練畢才用飯。就是門外漢也看得出他是「食過夜粥」，也常常惹來其他營友駐足欣賞。

說來奇怪，阿卓給我的印象是一位平凡的小伙子，長了一雙如小白兔的眼睛，看來本性單純、和善、憨直；但耍起功夫時，雙目頓變如鷹般凌厲鋭利，爍爍光華。平時一臉稚氣的他，一旦揮拳踢腿、又或舞刀弄槍，立時虎虎生威、透出一股懾人氣魄，儼如肅穆莊嚴的大師傅。

由平凡小子到武林高手，阿卓在我心中永遠是一位純善可愛的大男孩。他樂意與人分享對武術的熱愛。

有一次，我問阿卓為什麼信耶穌。他坦率的告訴我：「不瞞牧師，我最初返教會是為了『識女仔』。友人知道我想拍拖，就鼓勵我去教會，他們説教會有許多好女孩，但我不知道去哪一間教會。後來，我發現家附近有村屋裝修，及後方知道有教會租來做聚會點。一個週日，我聽到教會傳來唱詩歌的聲音，就主動去按門鈴，一班基督徒熱情的招呼我，自此我就開始返教會、信了耶穌和洗禮；如此一晃眼信主十多年了……」他娓娓侃談。

「謝謝你信任我。那你在教會有交到女朋友嗎？」我打趣的問，他羞怯的搖搖頭。雖然阿卓在教會仍未遇見意中人，但他卻因信了耶穌而體悟上帝的大愛。

話別前，我為這位「武林高手」祈禱和祝福。祈什麼？盡在不言中……

七姐弟妹有所長，
各行各業各自強，
努力不懈成棟樑，
彩虹姿彩齊顯揚！

姓名：七姊弟妹

專長：胼手胝足、互相扶持

七色之家

這是七姊弟妹的成長故事。

七姊弟妹的父母出身草根基層，因為家境貧困，捉襟見肘；典、當、借，成了慣常事。

一家九口擠居橫頭磡徙置區的二百呎單位內，置身在龍蛇混雜、黑道橫行的環境中，慶幸他們沒有走歪學壞。三位姊姊在基督教小學唸書時得聞福音，先是大姊十多歲時信了耶穌，弟妹們陸續決志信主，父母也在晚年歸信基督。在天父的保守和《聖經》的教導下，七姊弟妹都學會潔身自愛。

四位姊姊唸完小學就做工廠妹，人窮志不窮，她們一邊賺錢養家，一邊唸夜中學。相比下，三位小弟妹就比較幸福。

大姊小學畢業就在玩具廠當童工，又做過車衣女工和幼兒工作員。兩年朝九晚九的長工時，使她捱出營養不良的腳氣病。她好不容易完成夜中學，考入神學院，當了女傳道，後來更按立為牧師。在父母的晚年和病患時，她帶領雙親信主，為他們洗禮。子女們視為神蹟，大姊常對人說：「卑微如我竟被上帝選上，能事奉神是我一生的榮幸和福氣。」

性情溫婉嫻靜的二妹，為了家庭早早開始童工生涯。精於女紅，擅長縫紉和編織的她，為自己親作嫁衣裳。一手縫製自己的婚紗和幾姊妹的晚裝。婚後全心全意的相夫教子，培育出一位品學俱佳的好兒子，又娶得好媳婦，她為此一臉喜笑、心滿意足。

「穿膠花」的年代，十歲不到的三妹已經懂得去「搶生意」。在擠爆人的膠花分發站，她一馬當先排頭位，搶到膠花立刻抬回家，幾姊妹勤快地穿的穿，完工後立刻交貨，晚餐才有着落。她的拚搏精神有增無減，熱衷耍太極、彈古箏、唱粵曲，無一不精，常被老師欽點去表演。她近年在尖沙咀開了兩間店舖，專賣喜宴晚裝，做得有聲有色。丈夫和兒女對她五體投地，敬之愛之。

四妹童年時，常將校服的徽章、衣衫的鈕扣用剪刀裁裁切切、縫縫補補。家人一直錯覺她頑皮愛搞破壞，直至她在許多手工藝設計和創作比賽中得獎，才聯想到她的創意與才華是如此煉成的。性格樂觀豁達的她，一直從事幼兒和特殊兒童教育，且好學不倦，至今仍不斷持續進修。

外表纖巧嬌柔的五妹，內裏有着一股剛勇和膽色，多年前曾隻身到新加坡創業。在陌生的彼邦，沒有人脈支援下，她獨力經營時裝生意。雖然沒有賺大錢，倒不愁生活。她每次返港辦貨，必親力親為不怕苦。十多年漂泊在外的她，近年鳥倦知還，協助三姊的店舖生意，繼續過自食其力的生活。

六弟是家中獨子，是父母的命根兒、是姊姊關愛的弟弟，感恩他沒有被寵壞。他年幼時就有繪畫天分，姊姊們合力供他學畫，長大後他成為一位平面設計老師。六弟為人風趣幽默，能言善道，深受學生歡迎、朋友愛戴。他經常在友人的婚宴擔任司儀，又是朋輩的形象顧問。

么妹小小年紀已不用人照顧，且能貼身服侍體弱多病的母親。唸初中時，她已懂得和同學合作，搞遊船河來賺取零用錢。十多年前，她果敢決斷，無畏無懼的跑到北京，和朋友合資人造首飾的批發生意。兄姊們對這位小妹子既放心又欣賞。

我就是七姊弟妹的大姊。我們的人生際遇各有不同，也沒有豐功偉業，或名揚天下；但我們演繹了努力不懈、堅毅不屈、逆境自強的香港精神。我以我的弟妹為榮。

姓名：野人牧師

專長：年紀愈大愈願意接受挑戰

野人牧師

我從小就是一名乖乖女，懂得照顧弟妹、擅於料理家務；懼父怕母、不敢造次、不懂爭取，記憶中沒有童年的玩樂時光，令我常感遺憾。慶幸天父讓我來個大補償，儘管是遲來的少年期，我還是滿心感謝。

十多年前，在突破機構認識李德誠弟兄。他是一位經驗豐富的歷奇輔導教練，愛主、事主。門外漢的我，藉他的引介，得以對野外屬靈操練這課題有點點認識。

有一次，他邀請我和一羣山藝歷奇愛好者，嘗試推動和實踐野外屬靈操練。如此因緣際會下，我有幸結交了一羣威武神勇的外展教練和資深歷奇人，和他們同工同行，共學共創。這六年來我和他們在一間神學院開展基督教歷奇輔導課程。看見許多參加者生命被改變和更新，令我們得着鼓舞。

這羣資歷深厚、技藝老練的野外能人笑稱自己是「老野」，既然如此，我也照着這方向介紹自己：「我沒有野外訓練的經驗。所以我是『無野』！」引得他們嘻哈大笑。

雖然我這個「無野」體力不繼，但最喜歡和這班雄赳赳、謙柔柔的「老野」為伍。他們敬畏創造主、謙恭服侍人、熱愛大自然，且尊重生命。一眾仁弟仁妹不嫌我礙手礙腳，十分關愛和遷就我的龜速步伐，我樂於成為他們的徐徐牧師和屬靈姐姐，跟着他們通山跑。

把教堂建在野外

神更讓我有機會帶領他們在野外崇拜，在山之巔、海之邊，同敬拜、聽主道、守聖餐，共享天地大美、主內情誼、上主洪恩。

在大自然的教室，發揮神給我的無限創意。有時，我邀請參加者脱鞋除襪，赤足走在草坪上，請他們靜行默想摩西在荊棘叢中領受召命的情景。

有時，我鼓勵他們放下身段，做回孩子，在山嶺上為主迎風起舞，放懷謳歌。

有時，則安排一眾靜坐巖石上，我慢慢的讀出一封天父的情書，待他們安靜默想後，即場回信給天父。

我甚至請他們躺下來聽道，享受蒼天是帳幕，野地是我牀的逍遙自在。

登六之年登五岳

去年，我的好友天使家庭中心創辦人、歷奇教練黃鎮昌弟兄(Marco)，不知他是否被神感召，抑或他「獨具慧眼」，竟敢邀請年事已高、全沒登山經驗的我，與中心的兩位男女教練，帶領十二位九至十二歲的孩子，攀登台灣第二高峰——三千八百八十六公尺的雪山。

不知山高地厚的我，口爽爽就答應了，及後才知道大事不妙！在台灣百岳中，雪山與玉山、秀姑巒山、南湖大山、北大武山合稱「五岳」，是台灣最具代表的五座高山之一，在短短數公里內因地勢拔高而演變至寒帶，是雪山山脈。

登山期近，我愈發擔心和焦慮。心忖：「死啦！十二條小命！有事怎辦？我的體能未必能應付，萬一出現高山症或低溫反應，豈不是幫倒忙？」我真的想過打退堂鼓！妹妹也為我憂驚，傳來短訊，千叮萬囑要我小心照顧人家的孩子。

連續五日勇闖高峰，怎會不辛苦？怎會不艱難？有幾位孩子每天上山都一邊走一邊哭。感謝天父的保守與同在，至終我們都能完成雪山之旅的壯舉。我奇怪的是：以我這種年紀，完成旅程竟沒有什麼不適，更沒有丁點疼痛。奇哉！妙也！

我的人生真特別，退休後才被上主安排與青少年同行，更要經常跟他們四處流浪，翻山越嶺、上山下海，而我竟然可以和他們打成一片，更從未想到一個花甲婆婆老來變少年！

友人笑謔我現在做了「野人牧師」。我由「無野」變成「有野」。真的要讚一句：「天父真『好嘢』！」

他們給人盼望

我在方舟之家事奉十七年，

牧養身體傷殘的苦難一族，

的確，在人們眼中，他們是不幸的一羣；

不過，當你細心聆聽，仔細觀看，

他們會讓你感受到盼望。

姓名：思明

專長：跨越一個又一個人生難關

跨欄高手小小姐

思明一出生，就發現脊椎長了一個大如蘋果的腫瘤。醫生告知她的父母，要儘快割除腫瘤，否則小命難保；然而，即使手術成功，她也可能變成失明、弱智或身體殘缺。

思明的祖父知悉此事，聲言不要這長孫女，幸而父親心不忍，決定給她做手術。如醫生所言，小命雖能保住，但思明成了殘障兒。她的母親不能接受這事實，患上抑鬱症，甚至企圖將她拋落街，要不是家人及時制止，思明早就湮滅人世了。

父親無奈地把思明送到台山家鄉的親戚家寄養照顧，直到六歲，才把她接回香港居住。她八歲入讀香港紅十字會雅麗珊郡主學校做寄宿生，期間經歷幾次大手術，思明曾埋怨神為何令她的身世如斯悲苦，且曾用粗言穢語辱罵耶穌……但她最終被一位愛主、愛人的護士姐姐所感動，在醫院流着淚歸信基督。思明漸漸接受身體殘障的事實，她比健全的人加倍努力面對人生；好不容易完成中學課程，畢業後搬回家居住。

關關難過關關過

思明外表雖然柔弱殘障，內裏卻是天生傲骨，從沒有想過領取綜援。她不做「伸手牌」，不自怨自恨，一直自力更新，不斷積極尋找工作，堅持每月給父親家用。她曾做過不同行業：球場售票員、電話接線生、花店插花學徒、船務公司文員，其中在香港心理衞生會（一所服務智障和精神病患者的志願機構）做得最長，擔任助理文員，負責電腦文件和處理雜務，十五年的勤奮忠誠，令她獲得傑出員工獎。後來，因着腎臟衰竭，每週必須兩次到醫院洗腎，唯有轉做半職，直至身體真的應付不了，才結束十七年的工作生涯。

現年四十開外的思明，每逢週三和週五，清晨四時半就摸黑出門，獨個兒駕着電動輪椅，由慈雲山乘坐低地台巴士到廣華醫院洗血。無論過年過節、冬寒夏暑、風雨交加、屢遭蚊叮，她都不敢怠惰，否則隨時喪命。

這麼多年，思明一副如七、八歲的歪扭、荏弱的軀體內，積存大量毒素，令全身皮膚黝黑、粗乾和痕癢，纖細的雙臂佈滿密麻麻、瘀黑黑的針孔；因鱗質偏高令她的臉孔和皮膚長出現一片片魚鱗狀硬皮，影響儀容，經常惹人注目，但她從來不唉哼一句，沒嗟怨一聲，堅毅地迎難而上、勇敢活好每一天。

思明的母親十多年前已離世，她現與父親同住。這短短幾年間，她的三位生命摯友（皆是昔日的殘障同窗）相繼安返天家。有一段日子她不想見人、不聽電話、不覆短訊，陷入極度的哀傷。我一直為她默默禱告，靜靜地等待。最近，她竟然答應和我見面，喜出望外！

那天，思明比我更早到達酒樓，並開了位等我。許久不見她了，我端詳和凝視輪椅上的思明，她的一雙大眼睛依然清澈澄明。

認識思明有六、七年，每次約聚皆有她們四位「沙煲姊妹花」（易碎易破之意），這趟首次和她單獨約會，一聚就兩個多小時。我關心她的身體狀況、靈性和教會生活、聆聽她和家人的關係，當念及在天家的三位摯友，我們的淚水就淌不停。

她說：「我還以為自己是最早返天家的，沒料到她們比我先走……既然天父存留我的生命，我必定好好活下去……」

淚眼細看這位「小小姐」，她已變成了堅毅不屈的逆境巨人。

思明是我的會友，更是我的生命師傅。思明，我向你敬禮！

姓名：樺樺

專長：「咿咿呀呀」的唱詩歌

天國公主

樺樺是一位身體痙攣、説話不清、智能障礙的會友。她經常叫我寫下她的故事。老實説，樺樺出生就傷殘，自幼在院舍生活，我真不曉得有什麼值得寫，於是一拖再拖，如此就十多年。

殘障智障無損她善良、溫純、喜樂的氣質，以及擁有一顆愛慕神和敬畏神的心。聖靈光照我，讓我看見樺樺在天父眼中是為寶為尊的愛女、是天國的公主。

我向神承認犯了輕忽和待慢樺樺的罪，求神赦免。我坐言起行，親身到她住的院舍，以恭敬和謙卑的心向她道歉，然後用心聆聽和努力推測，猜猜估估，寫下這位天國公主在人間的故事，圓了樺樺的心願。

她的樣子快樂如小孩

樺樺四五歲時，媽媽因患有嚴重糖尿病，經常進出醫院，但患病不阻礙媽媽對她的疼愛，陪她一同玩煮飯仔、買玩具給她，爸爸有時也會買夜宵給她，這都是樺樺開心的童年記憶。她一臉陶醉的邊説邊笑，四十多歲的她，樣子快樂如小孩。

幼年的她，沒有輪椅，終日坐在小籐椅上。

有一天，她看見媽媽在房間跌倒，幸好外婆在家，立刻報警求援，救護車送了媽媽去醫院，樺樺則在姨姨家中暫住。到了農曆年三十晚，她終於可以回家，一進門卻看見媽媽的大照片放在桌上，心裏知道媽媽已經走了，難過極了！

之後，家人替樺樺申請入住院舍。起初，她不慣沒有家人在身邊，常常哭泣，心靈好苦。後來，慢慢適應，也不再哭了。這些年，她住過長洲、屯門、荔景、禾輋等幾間院舍，而最近的十七年則住在粉嶺的院舍。

她告訴我，在屯門院舍時，有時需要回家暫住，奈何家人忙於生計，無暇照顧。雖然上午有家務助理幫她沐浴、餵食，但整個下午她獨留家中，很多時她的大小二便包在尿片內，幾小時無人清理，直到家人下班才為她清潔更換，有苦自己知。晚飯也要遷就家人的下班時間，往往九時後才吃飯，她再不想回家了（聽至此，我的眼眶一熱，心中酸楚）。

屯門院舍是樺樺認識耶穌的地方。有一位男義工帶領她信主，可惜多年來沒有機會返教會。後來，她轉到粉嶺院舍，而我們教會「方舟之家」也開始以復康巴接送粉嶺院舍的院友參加主日崇拜。她自此開心地投入教會生活，且在方舟洗禮。樺樺認識很多傷健朋友，渴望和人傾談。她告訴我，最喜歡唱的詩歌是《奇異恩典》、《歡欣》和《愛是不保留》；大衛則是她最喜歡的《聖經》人物。但她統統沒有解釋原因，只道是最喜歡。

樺樺從不抱怨，臉上常掛着笑容，喜歡唱歌，每當看着她全人投入「咿咿呀呀」的唱詩歌，總教我動容。雖然長期臥牀和在輪椅上生活，無損她喜樂、純善、祥和的笑容，這是我心中天國公主的氣質。

一次主日崇拜，我將樺樺的故事唸讀給會眾聽，發現樺樺的臉上展現了尊貴的神采。瞥見樺樺嘴角微微的笑，眼角卻泛着淚光，或許是她期待已久的一天吧！

我的傷羊常常被人忽略和歧視，但天父沒有忘記他們。就如《聖經》所言：「身上肢體，我們看為不體面的，愈發給它加上體面；不俊美的，愈發得着俊美。我們俊美的肢體，自然用不着裝飾；但神配搭這身子，把加倍的體面給那有缺欠的肢體，免得身上分門別類，總要肢體彼此相顧。若一個肢體受苦，所有的肢體就一同受苦；若一個肢體得榮耀，所有的肢體就一同快樂。」（〈哥林多前書〉12：23-26）

姓名：美玉

專長：右腳搖鈴伴奏

獨腳伴奏者

美玉是一位有口不能言、有手不能動、有腳不能走的傷殘人士，仍幸她的眼能看、耳能聽、智無損、心澄明。坐在輪椅上，只得右腳稍能動的她，練出獨門秘技，我親眼見過……

我第一次到庇護工場探望美玉時，目睹她努力和勤奮地工作，用工場為她特製的輔助工具，用右腳的大姆指和食指摺信紙和入信封，簡直神乎其技，令我目瞪口呆。

美玉是教會敬拜隊員，以右腳事奉神，我們將搖鈴綁在她穿着的鞋面上，她喜樂地用右腳隨着拍子盡心、盡性、盡力的搖鈴。她十分落力，我看在眼內，有時也覺得心痛。有到訪的來賓告訴我，看見美玉的獨特敬拜方式，也感到難忘與動容。

認識美玉之初，見她的臉容像個苦瓜，嘴角永遠下垂，眉頭長期深鎖。

我是你的徐姑姑

每次和美玉溝通，全是我「一言堂」地說呀說、猜呀猜的獨語。若我猜中，美玉會將右腳提高；若我估錯，她右腳就左右搖擺。談話時，我要看着她的臉容，又要顧及她右腳的回應，眼睛不斷上下來回，十分忙碌。

我們熟稔後，美玉想讓我更明白她，嘗試以喉嚨用力發聲。又過了一段日子，她想向我傾吐心事，我鼓勵她說：「美玉，我覺得你可以講話的，試試多練習發聲，別介意！我願意聽，希望幫你和更多人溝通。」我相信她無言的背後，就是一直沒有人願意付出時間和耐性聆聽。

她接受我的鼓勵，真的多了用言語表達，不像過往一直用腳示意，美玉由不發一言到喉嚨發出咿呀之聲。有一天，她突然叫我一聲「徐姑姑」(「徐牧師」對她是太難發音了)。我樂透了，立刻擁抱她。從此，「徐姑姑」成為美玉對我的專有稱呼。漸次地，她會講「早晨」、「有嘢同你講」，有時甚至對我眨眨眼、鬼馬地說：「你講嘢呀！」美玉開朗了，笑容多了！

有一次，我到工場帶美玉外出午膳，我點選了她最愛吃的乾炒牛河。我先替她繫上圍兜，免得她吃得天一半地一半。由於她咀嚼和吞嚥都有困難，食物經常錯落呼吸道，嗆得眼淚直流。為怕「搞出人命」，我餵她進食時，要格外小心，先用剪刀將食物剪成小粒狀，用調羹將食物一小口一小口的放入她嘴內，過程是一場冒險和挑戰，看着她一臉滋味的樣子，我只有感動和感觸，美玉真的連吃一口飯也不容易呀！

有一次，美玉情緒低落，主動找院舍社工說想見我。我到工場接她外出，推着輪椅到附近的屋邨平台，坐在花棚蔭下，美玉一邊說一邊嚎哭，我為她拭抹淚痕。此時，厚雲密佈、烏黑的天灑下一場大雨。或許，這是天父為美玉的不幸際遇而流淚。

仍幸天父賜予她一位愛錫她的好媽媽，時常去院舍探望和照顧她。近年，美玉八十多歲的母親入住老人院，因行動不便也要坐輪椅，不能再探望她。美玉的身體也漸漸衰弱，不能再返教會主日崇拜。天父感動教會的弟兄姊妹定期去探望和關心美玉，並安排她們母女見面。

我知道天父從沒有忘記美玉的需要。

「神在祂的聖所作孤兒的父，作寡婦的伸冤者。」(〈詩篇〉六十八 5)

愛笑蘋果美如花，
吃喝玩樂笑哈哈，
迎難而上闖關卡，
上主恩典日日加！

姓名：Apple

專長：笑着訴說自己的意外

愛笑蘋果

我的傷羊姊妹 Apple，身世坎坷，許是出生時已是手腳痙攣的傷殘嬰吧，父母將她遺棄在路邊，後來得途人發現……

Apple 五歲前在孤兒院渡過。她不知道自己的出生日期，自訂四月四日兒童節為自己慶生；她不知道自己姓甚名誰，只知孤兒院的姑娘為她起名叫李萍，洋名 Apple。五歲到十六歲入住香港紅十字會雅麗珊郡主學校的宿舍，十七歲再轉往慈氏護養院居住，後在方舟之家信主、洗禮和事奉。

樣子俏麗甜美，笑臉迎人，性格樂觀的 Apple，從來不會感懷身世。她對我說：「我不覺得自己可憐，做孤兒都幾好吖，可以免受父母不好的對待甚或傷害，更不用面對家庭破碎的影響……」未信耶穌時，她已懂得事事往好處看；信了耶穌後，知道神必與共，多了屬天的喜樂和平安。

Apple 懂得享受生命，生活多采多姿，她會獨自逛街看電影、聽演唱會，又或呼朋喚友，吃喝玩樂。她的髮型總是有型有款，衣着充滿青春氣息。為報讀《聖經》課程，不怕路途遙遠；為關心病友，又會駕着電動輪椅到醫院探望。

有愛的獨居生活

Apple 常常經歷上帝聽祈禱的祝福。她說：「很多時外出購物，有些輪椅入不到店舖，我就告知店員要買什麼，但因我的言語人家聽不懂（她是一位語障者），就算費盡唇舌，他們總是不明白。正當大家洩氣之際，我默默祈禱，求天父開通店員耳朵。每次禱告後，奇妙的事就會發生，他們會立時知曉我的需要。」我聽罷也覺得神奇。

三十開外的 Apple 趁尚年輕，不想耽在院舍度餘生。她在 2004 年過關斬將，成功申請單人公屋單位，搬離院舍，開始她的獨居生活。我和弟兄姊妹都擔心她能否應付，又怕她遭壞人欺侮，有人勸她搬回院舍，但她心堅意決。

這十多年來，Apple 不斷努力學習照顧自己，勇敢面對生活的挑戰和艱難。一個寒冷的晚上，Apple 沐浴時不慎滑倒，赤裸裸的無法轉身坐起，於是拚命爬出客廳，致電給住同一屋邨的傷殘姊妹的媽媽救她。幸好這位媽媽有 Apple 的門匙，飛奔趕至。感恩 Apple 沒有變成一條冰淇淋。

一次在某大商場的傷殘廁所內，Apple 如烏龜反轉的癱在地上動彈不得，她大叫「救命！」在外等候的輪椅友人聽見她的呼救聲，立刻找保安求助，最終脫險。

她的危險和意外事件，多不勝數。儘管如此，Apple從不訴苦求憐，永無怨天尤人，總是勇敢堅強去面對；我由擔心到放心，且十分欣賞她。

我常帶Apple出外講見證，或在方舟接待來訪者，她那獨特的語言（我是她的翻譯員）、喜樂的笑臉、不凡的人生際遇、對天父的信靠，在在散發出上主的光芒，流溢出基督的香氣。

在人看來，Apple是一個不幸的女子——身體傷殘、無父無母、無倚無靠、輪椅代步、手不靈活、語不靈光，但她比你我都活得好。

Apple是我的生命老師，是上主憐愛、人見人愛的彩色「蘋果」。

姓名：子琪

專長：以軟弱的手寫見證

鍵盤戰士

我認識子琪時，他已經失去語言能力，需要用輔助衣承托腰板，才可坐在輪椅上。由於沒有自理能力，我每次到院舍，總是看見他頭髮蓬鬆，衣衫和輪椅桌上散滿食物的渣滓，心裏有點點唏嘘和憐惜。

子琪原是位敬神愛人的基督徒，溫文儒雅，學歷高且身居要職，前途光明；又娶得一位如花美眷，夫妻恩愛，生活幸福。

正值盛年的他，因患有家族遺傳的小腦萎縮症，身體機能開始變差；直到家人無法照料，他入住了慈氏護養院。然而，子琪仍是好學不倦，努力運用電腦汲取知識，藉此與外界接觸，與人溝通。

疾病無阻子琪對父神的敬拜和對神話語的渴慕。子琪每次來方舟之家崇拜，總是很有禮貌地向弟兄姊妹點頭微笑。儘管不能發聲，他會搖着頭像打拍子，唱着無聲的歌；儘管藥物令他容易昏睡，只要有一點精神，就瞪着眼，專心地聽道，不時點頭表示認同，是一位很有反應的聽道者。

子琪去世前一星期，我到醫院探望他。剛巧碰上醫生巡房，聽見醫生要子琪轉用胃喉進食，子琪聽後，臉上立時流露千萬個不情不願的表情。醫生走後，我安慰和鼓勵他：「子琪，耶穌絕對明白你的感受和艱難，因為祂也曾苦過、痛過……」淚水從子琪的臉上滑落，我為他輕拭淚痕，祈求神親自安撫弟兄的心。

後來，子琪的妻子來電告知，他已處於彌留狀態，我飛快趕赴醫院，到了他的牀邊，為他抹油祈禱，陪伴他和他的至親。我靠近他耳邊說：「放心吧！我們會努力做好你的見證集。」套着氧氣罩，昏昏沉沉的他，眼角有淚。

他終於脱去病苦，安心和安息了。

子琪的妻子和主內好友盡心竭力為他完成遺願，讓他的見證集趕及在安息禮時派送給出席者。

轉眼間，子琪在天家已幾年了。

無力的手有力的見證

2016 年復活節期間，我接受小腦萎縮症協會[註]邀請宣講佈道信息，在場內重遇子琪的妻子（她是協會的義工），我們互道近況。

一件難忘的往事湧上心頭。那一次，我邀請子琪到宣道會沙田堂的主日崇拜分享見證，他無比興奮的點頭答應。雖然他不能言語，但他能用那雙軟弱無力的手，不住的埋首電腦打講稿。完成後，先讓我過目，並請我予以意見，他的認真和謙遜，令我敬重。

見證時刻，這位身體軟弱的弟兄，被移送到台上。我請了一位姊妹代他讀出見證稿，他聽着自己的故事，腰板挺直，一臉自信，兩眼炯炯有神，瞧着會眾微笑，不斷用面部表情，以及點頭示意配合講稿的內容，神情洋溢着感恩和喜樂。

台下的我，不知怎地，熱淚滾滾流，彷彿看到〈哥林多後書〉12 章 9 節的經文活現人前——「祂對我說：『我的恩典夠你用的，因為我的能力是在人的軟弱上顯得完全，』所以，我更喜歡誇我的軟弱，好叫基督的能力覆庇我。」

註：小腦萎縮症協會：專為小腦萎縮症病友及家屬而設，是非宗教、非牟利的自助組織，秉持自助互助的精神，鼓勵會員努力活出生命的光輝。

愛的船上有貴堂，
畫藝棋藝不隱藏，
表達需要非張狂，
需要真情伴身旁！

姓名：貴堂

專長：繪畫

他坐在愛的船上

住在慈氏護養院的貴堂，是水上人家。青春少年時，因一次跳水意外導致傷殘，從此要靠輪椅代步，手部則靠輔助器具才能自行進食和梳洗。身體不單受着諸般限制，更因長期臥牀導致生褥瘡，不能行動患上痔瘡，亦經常感染到疥瘡，最痛苦的是他每日都會不斷抽筋。

每當看着他的雙腿不停抽搐，一臉痛苦的臉容，心中不忍。我曾無奈的說：「貴堂，葉倩文早年有一首流行歌《秋來秋去》。這十多年，你每天也是『抽來也抽去』，我為你『祈（禱）來又祈去』，沒完沒了的。唉，真替你辛苦！」幾年前，他更患上膀胱癌，慶幸及時施行手術，平安過渡。貴堂集多種病痛於一身，日子真不易過呀！

貴堂長了一道濃濃的眉毛和一雙黑白分明的眼睛、一副整齊潔白的牙齒，是一位整潔端正的大漢，性格十分和善溫柔，正經八百。

他最愛和院友下棋對弈，我見過他下棋時的全神貫注，心禱：但願能幫助他暫忘自身的苦況就好了。

雖然貴堂已不能再在水上生活，不過海的記憶仍存在他心裏。早年有義工到院舍，為院友開設繪畫班，啟發了他的繪畫天賦。他從此陶醉在色彩斑斕的繪作中。貴堂能精準地、漂亮地將他熟悉的躉船，一艘一艘畫在畫紙上，而他的作品後來也有機會展出！

敬愛、愛慕與關愛

雖然貴堂病痛不斷，但他對神從沒有口出惡言，心生怨懟。身體情況許可下，必定到方舟之家崇拜，出席小組活動。他明白信耶穌的人不會無災無病，平安大吉，反而在苦難中，經歷天父可倚可靠，耶穌體恤困苦，聖靈安慰引導。

我陪伴貴堂出席他母親的喪禮，他早向家人表明立場信奉基督，不會參與任何喪禮儀式，家人尊重他的信仰也沒有勉強。當他的家族皆披麻戴孝、焚香跪拜，獨他一身黑色素服，靜坐一隅悼念亡母。這件事上，見證他對神敬愛的心。

我經常到慈氏護養院探訪會友，每當貴堂見到我，無論躺在牀上，或是坐在輪椅，都會邀請我為他讀經和祈禱。作為牧師，我心中無比感動。心想：要是所有信徒都像貴堂一樣愛慕神的話語就好，我相信貴堂因為經驗神話語所帶來的力量和盼望、安慰和平安，所以如此重視。

貴堂曾患肺炎進了醫院。探望他時，這位虛弱無力，氣若游絲的弟兄對我說：「徐牧師，請你替我打電話給幾位義工弟兄，請他們來探望我，我想見他們⋯⋯」他不諱言在病患和痛苦中，渴望得到人的關愛。我欣賞他勇於表達自己的需要，更從他身上明白互為肢體的重要。

於是，我取出手機，為貴堂致電給他的幾位義工弟兄，他露出一絲笑意。幾位義工弟兄立刻前來探望，帶給貴堂心靈莫大的安慰。

這不就是《聖經》的教導嗎？

「你們務要常存弟兄相愛的心。不可忘記用愛心接待客旅；因為曾有接待客旅的，不知不覺就接待了天使。你們要記念被捆綁的人，好像與他們同受捆綁；也要記念遭苦害的人，想到自己也在肉身之內。」（〈希伯來書〉13：1-3）

姓名：阿章

專長：服侍傷健人士

憤青成了僕人

一個深秋的主日崇拜後，看見阿章在輪椅上悠閒地觀看突破青年村（方舟之家的聚會地點）周遭的山巒環抱、草木青蔥，深深吸着清新的空氣。我走到他身邊，坐在木椅上，關心這位傷羊弟兄。對他，我心生歉疚。方舟有幾十位傷羊要牧養關愛，我實在分身不暇，總會忽略一些人，阿章就是其中之一，唯有把握這難得的機會關心他。

眼前的阿章，愛笑、愛玩，興趣和時下的年輕人沒有兩樣，喜歡聽歌和看電影，也是追星一族，他是古巨基的粉絲呢！

「阿章，你來方舟至今，抱歉一直未有時間和你好好傾談。趁大家有空，可否告訴我你的故事？」沒料到他不假思索、喜孜孜的説好，而聽着聽着，阿章的生命故事令我震盪……

我原是個憤青

三十多年前，阿章的母親生下他的哥哥後，筋疲力竭，感覺身體內有點不尋常，又不知怎麼表達。過了九分鐘，一隻小腳掌由她的產道滑出，護士立刻將小人兒拉出來。經一輪搶救，全身紫藍色的阿章終能脱險。就是這九分鐘，雙生兄弟有着天壤之別的人生。

自從母親懷孕到分娩，醫生從來沒有告訴她所懷的是雙胞胎（這的確是很嚴重的人為失誤），因為阿章在母腹中耽延了九分鐘，令腦部缺氧。母親初時不以為然，及後見哥哥健康地學坐學行，而阿章的身體總是軟綿綿的，腰板無力，坐不穩、行不得。後經醫生診斷，證實他因缺氧導致痙攣，肢體傷殘，媽媽為此哭得肝腸寸斷。

漸漸長大的阿章開始疑惑，不斷問：「為什麼哥哥會行會走，我要坐輪椅？為什麼哥哥讀正常學校，我要唸特殊學校？為什麼哥哥和父母同住，我要住在院舍？我們是雙生的呀！為何……」從八歲開始，他就自我封閉，不和人説話，不與人交往，常常打自己，把頭撞牆；自殘、自卑、自恨，許多的怨和怒、哀與傷，情緒極度抑鬱和苦澀，甚至想過自尋短見。

十三歲那年，學校老師向阿章傳福音；直至十九歲，他來到方舟之家崇拜和上主日學，終於相信耶穌和洗禮。神的大愛和憐憫、安慰和醫治，讓這個度過無數心靈黑夜、跌宕毛躁的少年人，走出苦澀困惑的青少年期。

作服侍的僕人

及後阿章在方舟之家更參與事奉，幫忙教會的電腦視像操作。

往昔經常轉工的他，如今在一間基督教機構工作兩年多了（是他做得最長的一份工），服侍其他傷健人士，以生命影響生命。

喜見羊兒愈來愈成熟，並願意承擔，我放心又欣慰。

「今天真好，能聆聽你的生命故事，在你身上看見神蹟。雖然你的生命極不尋常，但欣賞你能豁達和積極的面對人生。那你哥哥又怎麼樣呢？」

「他有穩定的工作。」

「你會否心有不忿不甘？」

「偶爾，但我會靠主活好每一天，享受天父賜予我的一切。」他挺一挺身說。

「謝謝你！我可否將你的故事寫成文章，登載在我的新書內？」他綻放一個極度開心的笑臉，說：「好哇！」

阿章真是一位可愛的大男孩。

若然遲了九分鐘的事發生在你和我身上，又是一個怎樣的故事呢？

每天都是賺回的，
上天寵幸有奇蹟，
手作精品極出色，
大愛叫人忘憂戚！

奇異恩典

LOVE

姓名：阿金

專長：絨毛布藝

她以雙手傳遞愛

住在慈氏護養院的阿金，是我的會友和心靈密友。她不能言語，和她一起時只有我講話。

有一天，阿金的大姊揹着一歲多的男孫，從老遠的長洲相約在大埔的二姊來突破青年村見我。我招呼她們三姊妹和阿金的好友阿敏在餐廳內午膳，心忖：「她們因何事急着見我呢？難道擔心阿金入了邪教？非要看看我這個牧師不成？」

兩位姊姊煞有介事的說：「我們知道妹妹信了耶穌、入了教會，但怕她一旦離世，不知怎麼辦她的身後事，故想見見牧師，希望到時幫幫忙。」哦，原來如此。我很欣賞她們愛妹之心，但是阿金好端端的坐在我面前，沒必要提早擔心吧？在我禮貌的追問下，才知道原因……

阿金一家祖居長洲，是以捕魚為生的水上人家。十兄弟姊妹中，她排行第六，少時聰明伶俐、活潑可愛、討人歡心；八歲那年，阿金突然發高燒，當時正值颱風瑪麗襲港，十號風球高掛，家人無法帶她求醫（在此情況下，根本無醫生可找）。阿金持續高燒不退而昏厥，家人千辛萬苦將她送到瑪麗醫院。

經四位醫生搶救，她保住了性命，卻如植物人般昏睡了半年，及後才漸漸甦醒和康復。從此，阿金失去説話的能力、手腳軟弱無力、走路時一拐一拐的（近年要坐輪椅）。幸好，沒有影響她的智力，姊姊甚至認為這是神蹟，但醫生告知阿金的家人，她活不過四十歲。

「徐牧師，阿金已年過五十，萬幸呀！多謝上天！我們對阿金説：『現在每天都是賺回來的，要開開心心地生活。』所以，我們怕她會突然走了……」姊姊説不下去，淚水在眼眶滾動。

阿金一直安靜地享受着姊姊的餵食，一邊留心聆聽我們的對話，偶爾會點頭示意；當看見姊姊為她擔掛時，她也紅了眼，扁着嘴。

我終於明白阿金的姊姊遠道而來的目的。

我安慰她們：「兩位請放心，我一定會盡力而為。阿金信了耶穌，耶穌必會看顧保護她的，別擔心！」姊姊像放下心頭大石的向我展歡顏，説多謝。

奇蹟的雙手

每當我心情欠佳或是工作不順遂，阿金就成為我的最佳聽眾。她善解人意，會以面部表情和點頭示意，有時用她軟弱無力的手輕輕的觸碰我，表示安慰和明白。

有幾年，我都收到阿金親手做的生日禮物。很難想像連進餐也要人餵食的她，竟能一針一線用絨毛布藝縫製出幾顆士多啤梨公仔，放在一個小小的籐籃內，小巧精緻、形態可愛。我初時還不大相信她可以做出如此細緻和美麗的手工呢！

除了感激，更多是感動。她對我的好，豈止牧師和會友的關係呢？

面對工作艱難、事奉辛酸、情緒跌宕，當看到阿金所送一件又一件的美麗精品，正正傳遞一份無言的愛、默然的情。我的心就被轉化了。

想起《聖經》：「耶和華——你的神是施行拯救、大有能力的主。祂在你中間必因你歡欣喜樂，默然愛你，且因你喜樂而歡呼。」（〈西番雅書〉3：17）

神藉阿金讓我知道祂默然愛我。

阿金，謝謝你！

姓名：金華

專長：突發性精句

金句姐姐

金華的身形胖嘟嘟，臉蛋圓鼓鼓，一頭粗硬濃密的短髮，稍微長一點就似一隻箭豬，笑起來樣子挺可愛的。有時，她會古古惑惑的裝假捉弄我，當我扮作無知上她的當時，她就笑得格外開心。我從不生她的氣，難得她有心情和我玩呢！

去院舍探望傷羊時，金華一見我會直截了當的說：「我生痱滋，你煲涼茶給我喝啦。」更多時候，她會用命令的口吻說：「你讀《聖經》給我聽啦。」由於她不識字且手不靈活，我就如阿四般立刻遵命：「你想我讀哪些經卷？」她會不假思索的，一時叫我唸〈馬太福音〉，一時要我讀〈約翰福音〉。我就站在她的牀邊，用心的唸讀，稍作解釋，金華會露出一臉滿足的笑容。雖然她有「老點」之嫌，但起碼有一顆渴慕《聖經》的心，我仍是好感動！

天外飛音

雖然金華傷殘及智能稍遜，但所謂大智若愚，偶爾會爆出幾句靈言智語，簡直是天外來音，有時更是石破天驚的令聽者心頭一振，乖乖思考。

有一次，某姊妹為金華推着輪椅時，金華突然冒出一句話：「你貪愛世界！」某姊妹登時一怔，先是因金華突如其來的冒失之語有點不快，及後這句話一直在姊妹的腦際盤旋不散。她認真作出檢視，發現自己真的有貪愛世界的趨向，感到天父藉金華提醒她，從此對金華另眼相看，恭敬有加。

一個主日，崇拜尚未開始，她在禮堂內大聲召喚我，說：「徐牧師，你過來為我祈禱。」

我來到她身旁，問道：「好的！有什麼事要祈禱呢？」

「我這輛輪椅用了很久，快要壞了，院舍為我申請一輛新的。你祈禱求天父，使輪椅能儘快批出啦！」我按她所說的即時為這事誠心祈禱，剛說「阿們」，她就插嘴：「其實看見的不重要，看不見的才重要。」我摸不着頭腦，問她：「你說的我不明白呀……」

「你不明白？是《聖經》說的，即是呢……輪椅申請不到不要緊，最重要是我能夠上天堂。不要時時想着輪椅，要多想有關天堂的事，你明白嗎？」

「明白了。」我突然變了一個小學生，敬聽老師的訓誨。

金華引述的正是〈哥林多後書〉4 章 18 節的教導：「原來我們不是顧念所見的，乃是顧念所不見的；因為所見的是暫時的，所不見的是永遠的。」

有幾次她吩咐我說：「阿甲入了醫院，你去探他啦！阿乙不開心，你去安慰他啦！阿丁……」我盡所能聽命於她。

我覺得金華有一種獨特的氣質，好像什麼都心知肚明，經常出奇不意地講出一些令人莫名奇妙，實則如雷貫耳的說話，讓聽者作出深度的反思，這是許多人領教過而作出的結論。

我認定她是一位「屬靈高手」。

我從不敢輕看我的羊兒（尤其是傷羊），他們的心靈少受俗世的污染，容易接收天國的聲音。他們不懂虛情假義，有話直說，不會修飾。哀傷時放聲大哭，開心時笑聲震天，憤怒時青筋暴現、咬牙切齒。我和他們相處，毫無困難，因為我有同樣的性情。

我時常要打醒精神，留心羊兒的說話和舉措，因為在方舟內暗藏着許多隱世的「屬靈高手」。

情書王子動真情，
天國言語好難明，
用心感覺有共鳴，
真正溝通用心靈！

姓名：阿浩

專長：繪製心意卡

情書王子

阿浩的身形碩大，容貌富泰，我們笑他似「大亨」。他品性溫柔敦厚、善良謙和。每次參與主日敬拜，阿浩會全情投入舉手讚美，唱出無言的歌。崇拜後，他必會禮讓其他院友先上復康巴，自己殿後。你幫了他，他必回一個敬禮手勢。

不能言語、嚴重傷殘的阿浩，近年身體轉差，要用輔助衣承托腰板才能「抬起頭做人」，口涎不受控地流個不停，抹拭的毛巾總是濕漉漉的；痛症也多了，身上的痛無法言傳傾吐，苦在心中，令他愁眉不展。我為他祈禱，並出盡法寶逗他開心。

他的家人待他甚好，每週均到院舍探望，帶他到附近商場閒逛或到酒樓午膳，奈何「溝而不通」，家人未必明白他的真正需要。

幸好每個主日崇拜前，總有弟兄姊妹體貼的坐在他身旁，與他猜猜估估地聊天，彼此關心，他就開心地笑，笑得好燦爛，有時還哈哈大聲笑。阿浩就是那麼單純、可愛和易滿足。

有一年農曆新年前，阿浩因發高燒住了醫院多日。大年初一，我去沙田威爾斯親王醫院探望他。進入病房，看見大塊頭阿浩，一臉寂寥、雙目茫然，如一隻沒精打采的貓兒蜷臥在牀上。

「阿浩，徐牧師來探你。」不能言語的他立刻咿咿呀呀的，想要告訴我什麼呢？他重複用手示意，一輪猜估後，才知悉他頭疼不適，醫護人員不知道也不明白，所以心情不好。

我的心痛呀！立刻跑去告知護士姐姐，請她儘快要求醫生開止痛藥給阿浩。「別擔心！他們知道了。」阿浩做出一個敬禮的手勢，露出了「謝謝」的笑容。

王子的墨寶

「今天是年初一，又是主日，我們一起唱詩歌敬拜神，我讀《聖經》和講道給你聽……」他眼睛一亮，向我咧嘴而笑，表示「好哇！」

在他牀邊，我一口氣唱了十多首他喜歡的詩歌，看着他的頭輕輕的搖動，手柔柔的跟着打拍子、嘴巴無聲的張張合合，這是一次難忘的崇拜。

阿浩告訴我，最渴望與人溝通，強調自己能用面部表情傳情達意。不過他最愛還是以文字「示愛」。

他善感多情、心細如塵，每當知道弟兄姊妹或其家人有需要，當事人就會收到他的「情書」。他有一套獨特的字體和文法，密密綿綿的寫滿聖誕卡的內頁和整個信封的底面。至於為什麼總是聖誕卡，我到現在還不明白，這真是一個謎！

我們看不懂他寫什麼，只憑一兩個字去猜估全文。

他的一雙手其實極不靈光，活動能力十分有限，加上他滴下的涎液，令文字糊成一團，化作一灘，信封和卡總是骯髒皺起，可以想像阿浩需要花多大的心力、氣力才可完成一封信，這更凸顯「情書」背後的價值和意義。因此，我會將阿浩給我的「情書」珍而重之的保存和收藏。

那年，我的父親病重，連續多個主日，阿浩把輪椅推來我身邊，面容流露出憐惜與關心，口中唔唔吖吖的説着「天國的言語」。我猜他想安慰我：「別擔心！我會為你的爸爸祈禱！」那段日子，我收到阿浩很多封情書。這份無言的情，令我感動萬分！

阿浩被我們封為「情書王子」。實在當之無愧！

他沒有做什麼轟天動地的大事，沒有什麼豐功偉績可言述，但知道他所作的，在天國所得的賞賜肯定比我多。

小人物檔案

返回天家真正好，
遠離塵世眾苦惱，
徐徐牧師人最好，
請主召她來祝禱！

APOSTLE PETER

人類區

等待徐徐來天家，
老友重聚笑哈哈！

動物區

CANDY

BISCUIT

姓名：朱伯

專長：愛心追魂 Call

一天三十次關愛叮嚀

朱伯年輕時在廣州一所大學教授俄文，為人溫文爾雅。他娶得漂亮的白衣天使為妻，育有一子，三口之家樂也融融。文革期間，全家遷居香港，由於他的學歷不被認可，只能在一所大學做個小文員。

人生塞舛，不幸的事接連發生。先是朱伯在二十多年前因腰椎受傷和感染細菌，導致下半身癱瘓不良於行。妻子五十多歲就患有柏金遜症，全身不受控制地顫動，服藥只能治標，無法治本，情況日趨嚴重，即使裝上控制儀器也沒大幫助。如此也近二十年了。兒子無法照顧患病的雙親，唯有安排入住護養院，尤幸夫婦倆先後入住醫管局屬下同一間護養院，不用兩地相思。

朱伯夫婦所住的慈氏護養院和我事奉的教會只有一條馬路之隔。我和同工經常去院舍探訪院友、帶領他們查考《聖經》、邀請他們到教會崇拜。七十開外的朱伯和近六十歲的朱太因此認識主耶穌，且在方舟之家洗禮。

我和他們同行十多年，看着他們身體日漸衰殘，心裏有點傷感。久病和年老的朱伯，變得煩躁不安和鬱鬱寡歡，他常老淚縱橫説：「徐牧師，我想快些見天父，請你為我祈禱，求天父接我回天家。請你幫我照顧阿奕（他的妻子）。」

「我知你辛苦和記掛太太，請相信天父有祂的時間和安排，我一定會關心朱太的。別擔心！」這樣的對話重複又重複了超過五年之久。

請你代我照顧太太

眾所周知朱伯愛妻如命，我見證他們鶼鰈情深。

2011 年，長期臥牀的朱伯，出現嚴重抑鬱，思緒紊亂。他不斷打電話給兒子、院舍社工和我，説同樣的話：「我快要死了，速速來見我，有重要的話對你説……」初時我真的趕急的跑去見他，但實情並非如此。

朱伯的來電愈來愈頻密，由一天五至六次到每日二十至三十次。不論晨早、深夜，只要鈴聲一響，我就緊張起來。這樣的情況持續半年多，憑我多番安慰和開解也無效。結果，我曾約朱伯的兒子和社工共商如何處理這場傷感的干擾。

我在朱伯面前哭着説：「朱伯，我好敬愛你，但你令我好辛苦呀……」

他一臉歉意，一邊搖手説道：「徐牧師，對不起！我以後不會再打電話，很對不起……」可是，奪命追魂 call 仍是每天響不停。我知道再下去，自己會支持不了，唯有在臨睡前掛起電話和關掉手機。不過，我更多探望和關心朱伯。不多久，朱伯的身體和精神狀況再轉差，睡着比醒時多，我就沒有收到他的電話了。

朱伯八十歲生日前，我買了一個小蛋糕到他牀邊為他慶生。遞上一張親手製作的生日卡，上面寫上他最喜歡的金句：「神是我們的避難所，是我們的力量，是我們在患難中隨時的幫助。」（〈詩篇〉46：1）我把金句唸給他聽，為他祝禱，餵他吃蛋糕、飲水，再用送給他的潤膚液塗抹他的面和手，他向我露出難得的一笑。

「朱伯，我要走啦！記住耶穌愛你呀！」他開心的臉容突然落淚：「徐牧師，我上天堂會告訴天父，你是一位好牧師。」我拍拍他的手，無語。

朱伯如願的歸回天家了。我為他主持安息禮時，凝視靈堂上朱伯的照片，一臉慈容的他在微笑。心中默默的説：「朱伯請放心，我會關心你的至愛……」

對於朱伯的天堂預告，我想起《聖經》所言：「我們是無用的僕人，所做的本是我們應分做的。」（〈路加福音〉17：10 下）

姓名：Rai

專長：體貼妻子

纖維斜板上的愛

一向滿載傷羊的方舟之家，一天崇拜少有地出現一位年約二十多歲、健全的年輕人 Rai。他束着一頭長髮，外表有點傻氣和孩子氣，性格內向羞怯。他總愛獨個兒靜靜的坐在禮堂後排，低着頭不和人打交道，我還以為他是自閉宅男。及後認識他，才知他來方舟聚會是女友善文鼓勵的；且知道他喜歡玩野戰，更是樂於助人的義工。

雙腿與雙輪的戀愛

Rai 在回聲谷傷健福音協會（註）認識了生命的摯愛善文。善文自幼患有肌肉萎縮症，身體羸弱，全身無力，需要用電動輪椅代步，又因心肺功能衰弱常引發哮喘，經歷多次生死關頭。

別小覷她，善文生命力極強，性格擇善固執；且麗質天生、聰穎勤奮，是學校的高材生。

Rai 對我說：「我先被善文漂亮清麗的臉容吸引，及後則是欣賞她對神的信心，對人的愛心。她的生命力比誰都強。」雖然善文身體纖弱殘障，且比 Rai 稍長幾歲，但看得出 Rai 對善文的愛認真和篤定。

善文甜絲絲的說：「Rai 是位善良正直，關懷弱勢的好男子。他不多言，但對我細心體貼，關愛有加。我們真心相向，難得靈裏相通。」

他們很信任我，由戀愛到步入教堂，都徵詢我的意見。但是，坦白說，我對他倆要結婚，心裏矛盾與猶豫。

「Rai，你要預計善文隨時離開，那你就會成為鰥夫……」我將可能的問題鋪陳，希望他們能理性面對。

無論我善意的提醒、雙方家長的強烈反對、朋輩們不斷的勸說，他倆情比金堅。幾經艱難和歷煉，這對愛侶終成眷屬。

娶了妻的 Rai，學習擔起一個家庭，人成熟和剛強多了。體弱多病、諸般不便的善文，傾心傾情去當一位持家理務的好太太。他們深知這段傷健婚姻得來不易，倆口子恩愛甜蜜。

就這樣他們過了五年神仙眷侶般的生活。

2016 年母親節主日，我應邀到澳門教會早晚堂講道。Rai 週五晚已傳來善文入院的短訊，但週六事忙，未能探望她。星期日的中午，手機不斷傳來善文病危的消息。我心中默默禱告，但什麼也不能作。

週一上午，我提早乘飛翔船返港，航途中知悉善文剛離世。我一抵港立即乘計程車趕赴醫院，俯身擁抱她冰冷纖細的身軀，在她蒼白清麗的臉龐上帶淚吻別。

善文如熟睡的小公主。Rai 和善文的家人哀哀切切。

善文母親哭着對我說：「徐牧師，我好感激 Rai，他令我的女兒這幾年過着幸福和快樂的生活，這是父母無法給予的。」又對 Rai 說：「你真是我的好女婿，我以後會待你如兒子般愛錫……」我們仨抱頭對泣，善文父親在旁默默哀傷。

記得善文生前曾對我說：「徐徐，你為 Rai 洗禮，又為我們主持婚禮，一天我返天家，你要為我主持安息禮和火葬禮呀。」此刻言猶在耳。

當我預備善文的安息禮時，許多片段湧上心頭……

和愛人一起就不怕

好幾次的主日崇拜後，我看見 Rai 背着長方形的帆布袋，拿着一把特大的雨傘匆匆離開。

「走得那麼急，去哪？背着什麼東西？好像很重喔！」我既關心又諸事的問。

「趕着去接善文拍拖呀。」他笑嘻嘻的說，「有些地方輪椅輾不過去，袋裏是輔助輪椅駛過的兩塊纖維斜板，在澳洲訂購，連袋和運費要幾千元，而這把大雨傘則為我們遮風擋雨。我們試過等低地台巴士，在車站日曬雨淋整個小時呢！」他露出無奈的表情。

「你們拍拖真辛苦！」我憐惜的說。

一向說話輕柔的 Rai，竟鏗鏘有力的回應：「和愛人在一起就不怕辛苦，縱然辛苦也值得！」

Rai 和善文的愛情故事，就如〈約翰一書〉4 章 18 節所說：「愛裏沒有懼怕；愛既完全，就把懼怕除去……」

註：回聲谷傷健福音協會，簡稱「回聲谷」，是一所致力向傷殘人士傳揚福音，幫助他們融入教會及社會的福音機構。

姓名：啟明

專長：孝順

千里探親

我的會友啟明，住在粉嶺的華心院舍。他四十多歲，是一位無法言語、起居飲食需要人照顧、生活在輪椅上的傷殘人士。他的身體瘦削羸弱，每當院舍爆發流感或傳染病，總有他的份兒，院友為他封以「孱仔明」的綽號。為了改善病體，啟明很自制，也會乖乖的戒口，每天請職工姐姐給他維他命 C 增強抵抗力。我常常稱讚他很積極。

啟明喜歡與人接觸，盼望得人明白和了解。他雖然失去語言能力，仍盡力發出不同單音和人溝通。我每次和他談話，就是不斷的猜估、猜估再猜估。一旦猜中，他會咧嘴而笑、用力點頭。若然猜不中，他絕不氣餒的重複再重複。當我猜得累透就坦言：「啟明，抱歉我真的猜不到，若事情不急，可否遲些再告訴我呢？」啟明此時總會通情達理點頭示好。

我曾陪啟明到藍田探訪他年老且不良於行的母親，並和他們到酒樓午膳。後來，他的母親因患有腦退化症，家人無法照料，遂送她入住鳳凰村附近的一所私營護老院。孝順的啟明很想去探望母親——這是啟明用盡方法表達，經我不斷努力猜估才知悉的事情。

三十公里長征

我說：「啟明，這是一件不容易的事呀！」但當看見他流露殷切渴望的眼神，我的心就軟下來，唯祈求天父指引我如何是好。適逢真証傳播(註)正在拍攝方舟之家傷羊的生命故事，我將啟明的心願告知編導。他被啟明的孝心感動，鼓勵我去玉成好事，並希望拍下母子探望的情深故事。

如此，我就開始籌備一段艱巨的探親之旅。為了短短一小時的探訪，我們差不多花了三個月去安排和準備。

首先，我要聯絡啟明的家人，告知拍攝的安排，感恩得到他們的信任和允許；繼而要向院舍申請和批准才可帶啟明外出，也要等待租賃復康巴士機構的回覆。租到復康巴，又再致電啟明家人，請他們代通知護老院我們的探望日期和時間。期間尚要和真証傳播的團隊商議、策劃……箇中所需的智慧、心力、精神，絕對不簡單。

到了探訪日，天父送給我們晴朗的一天。我和三位攝製隊成員上午到啟明住宿的院舍，接他乘上復康巴。我帶領大家誠心祈禱，祈求主賜我們往返平安和順利，好讓母子能相聚。

當抵達護老院，院方早為場地作出配合，騰出空間方便拍攝，我衷心向他們致謝。

員工小心翼翼把啟明的母親由房間推出大堂。本來神情茫然和眼神空洞的她，一眼就認出啟明，登時叫喚：「啟明！啟明！」在場的員工嘖嘖稱奇：「阿婆今日好醒目，竟然認得個仔。」儘管老邁和失智，在啟明母親的記憶裏、心坎內，怎會忘懷這個出生就傷殘和痙攣，令她牽腸掛肚的么子呢！

「啟明、啟明……」母親句句喚兒聲，兒子則不斷竭力的咿咿呀呀向母親訴説己話。事實上，除了呼喚名字，母親什麼也不懂説了。有誰知曉這位母親流過多少慈母淚，嚐透幾許人間苦。

我們協助把兩輛輪椅靠貼，好讓兩母子的手互牽。母與子的眼眸閃爍着共聚的歡悦。

在場的人都屏氣凝神、聆聽和觀看這幕天地動容的相聚一刻。

註：真証傳播是藉着電視節目、電影、電台廣播、舞台劇、互聯網等製作真實見證的傳播機構。

心理與栽培系列最新書目

生命禮讚

書名	作者
毛蟲・蝴蝶・女牧師	徐玉琼
把火種撒在地上 —— 話説蘇恩佩	文蘭芳、何盛華、李淑潔合編
弦動人生 —— 遨遊南美生死間	梓翔
活在地上 —— 如同活在天上	羅乃萱
最美的時光別錯過	周有
愛是這樣解毒	基督教正生書院同學
冰封奇俠受難曲	許道宏
死亡，別狂傲（復刻本）	蘇恩佩
愛在溫柔流動 —— 嘉榆老師的生命教育	麥樹堅
地久天長 —— 愛滋路上的母子情	李慧珍

心靈地圖

書名	作者
相愛不傷愛 —— 感情與理智的拿捏之道	羅乃萱
我本不曉得禱告 —— 學習祈禱之旅	蔡元雲
一字・心澄	羅乃萱
真朋十句 —— 言有盡心卻真	羅乃萱
愛是一種勇氣	羅乃萱
我看見神的作為 —— 蔡元雲醫生的13680個日與夜	蔡元雲
等待，是一場操練	羅乃萱
把課室搬到撒哈拉	鄧信彥、陳兆焯
從心相信愛	羅乃萱
陪孩子跑一場障礙賽	關子凱